强大原型

有文化的品牌更强大

孟子说"虽有智慧，不如乘势"
强大的品牌无不站在巨人的肩膀上，让品牌形象和营销借势而起

赋予品牌以文化原力
让营销获客低成本可持续

王思翰　著

中华工商联合出版社

图书在版编目（CIP）数据

强大原型：有文化的品牌更强大 / 王思翰著 . ——
北京：中华工商联合出版社，2020.7
ISBN 978-7-5158-2756-8

Ⅰ.①强… Ⅱ.①王… Ⅲ.①企业管理 – 品牌战略 –
研究 Ⅳ.① F272.3

中国版本图书馆 CIP 数据核字（2020）第 107314 号

强大原型：有文化的品牌更强大

作　　者：	王思翰
出 品 人：	李　梁
责任编辑：	胡小英　马维佳
装帧设计：	先知战略营销
责任审读：	李　征
责任印制：	迈致红
出版发行：	中华工商联合出版社有限责任公司
印　　刷：	三河市长城印刷有限公司
版　　次：	2020 年 8 月第 1 版
印　　次：	2020 年 8 月第 1 次印刷
开　　本：	710mm × 1000mm　1/16
字　　数：	180 千字
印　　张：	11
书　　号：	ISBN 978-7-5158-2756-8
定　　价：	68.00 元

服务热线：010 – 58301130 – 0（前台）

销售热线：010 – 58302977（网店部）

　　　　　010 – 58302166（门店部）

　　　　　010 – 58302837（馆配部、新媒体部）

　　　　　010 – 58302813（团购部）

地址邮编：北京市西城区西环广场 A 座

　　　　　19 – 20 层，100044

http://www.chgslcbs.cn

投稿热线：010 – 58302907（总编室）

投稿邮箱：1621239583@qq.com

工商联版图书

前言

　　原型学应用于品牌的原理，是用大众头脑中已有的强大原型，利用人们头脑中的整体性经验，调动并引爆潜意识，提升信息编辑和接收的效率，减少信息损耗，把传播效率放大千万倍，实现品牌信息的有效传递，达成与消费者的高效沟通。强大原型因其具有具象化的视觉特点，因此能够调动大众的情感，形成品牌偏好，而其差异化视觉又让受众在终端能快速看到，同时能够理解和接受，进而形成热销。

　　每一个商业组织，都想使它的品牌及产品成为受众广泛的"强大原型"，希望它的品牌成为本国或世界文化中不可分割的一部分。凡是我们耳熟能详的那些成功企业，如海尔、可口可乐、苹果、微软、阿里巴巴、小米、滴滴、华为等，本质上都是在品牌原型打造方面取得了巨大的成功，他们各自都拥有自己的强大原型集。

　　本书主要讨论了将强大原型这一原理应用于品牌建设和营销推广实践的方法，介绍了强大原型原理的作用，即将其应用于品牌的方方面面，把强大原型品牌化并进行改造再设计，品牌就能吸取强大原型的能量，就具有了强大的本源力量，它能让一个新品牌上市后，迅速成为消费者的老朋友，形成品牌偏好，激发大规模的购买行动；只要强大原型在，能量的输送就能持续，它是低成本、高效率塑造品牌和营销品牌的有效方法。本书的追求，是用强大原型帮助企业家做好生意，让品牌少走弯路。我们希望本书能成为创业者塑造品牌和营销品牌的参考指南，使他们通过借势强大原型成就强大品牌。

商业组织或个人，每天大部分运营活动，都是在自觉或不自觉地进行着自我的原型管理，他们的成功很大程度上依赖于其原型管理的成功，他们的失败，也在很大程度上归因于其原型管理的失败。

如今是信息大爆炸时代，新生的企业层出不穷。我们常看到其中不少创业公司，仅仅靠有效的原型管理，结合自媒体平台的传播优势，用很低的成本就获得了成功。而在另一个群体里，大量经验丰富的老品牌，如可口可乐、麦当劳等，熟练地以传统加创新的方式不断巩固着强大已久的企业原型集合。在自媒体时代，商业上的竞争，已经变成了强大原型的竞争，变成了原型管理的竞争。在一个组织或企业的诸多核心竞争力中，原型管理的竞争力，已经占到极其重要的位置了。

然而，许多企业至今还不知道什么是原型，更不要提原型管理了。这些企业的管理者和营销人员，虽然每天都在不自觉地做着原型的管理工作，然而他们的行为是靠直觉，是片面的，许多时候甚至是完全违背原型管理原则的，这使得他们的工作绩效时好时坏。

那么，什么是原型？什么是强大原型？什么又是原型管理呢？

原型是大众头脑中对事物或活动的结构化编码，就像电脑的存储系统对每一个字、图片、视频的结构化编码一样，人类也会在头脑中对所认识的事物进行有针对性的结构化编码，并把这些编码保存成原型，就像电脑把编码保存成文件一样。原型很多，如动物中的大象、松鼠，自然环境中的山川、河流，公共环境中的道路标识等。总之，我们所熟知的东西，都在头脑中以原型编码的形式存在着，形成了内在的"原型系统"。

在商业中，有些品牌在我们头脑中建立了原型，有些品牌没有。大众以很多词汇来总结原型，目前最流行的短词就是"IP"，起初它的意思是"IP地址"，后来变成了"知识产权"，再后来这个词就在中国火了。而它火的原因，正是因为人们已经开始用它来表达"强大原型"的意思了。

那么，什么是强大原型呢？

强大原型是人们潜意识中都有、都认可，人人都对其有偏好，都按照它的指令行动的原型。强大原型是大众的共同经验、共同知识、共同观念和共同文化。强大原型在每个人的心中都塑造了它的原型副本，相当于很多人共享这个原型。共享一个原型的人越多，这个原型就越强大。

例如天猫的"猫"就是强大原型，是大众都喜爱的动物。猫天生挑剔、细腻，对生存环境有着很高要求，这与淘宝商城品质升级，满足消费升级的市场新需求高度契合，也与为消费者提供品质生活的战略意图相吻合，更关键的是调动了消费者认知中已有的观念和想法，借势消费者的潜意识认知，天猫就获得了原力，一出现就被消费者接受和喜爱，因此天猫得以快速发展，一经推出就迅速成为电商品类的领导品牌。

原型管理，就是根据原型在人们头脑中产生、发展的情感作用的规律，以成本最低、最有效的方式，进行品牌塑造、营销推广和品牌资产维护的一系列运营活动。

本书的目标，即主要围绕着强大原型借势和原型管理展开，具体的章节安排如下：

第一章，"原型的内涵"，是全书的基础。本章首先讲解什么是原型，它的心理学基础，它对人类生活和商业的重要性，它的认知广度和认知深度，以及它在人们头脑中是如何形成和产生作用的。接着，本章重点讨论"强大原型"和其"认知系数"是由什么组成的，为什么提高原型的认知系数是原型管理的终极目标，并涉及一些原型管理的初步方法。

第二章"原型的分类"，讨论了世界上众多的原型中最重要的一些类别，尤其是先天原型和算法原型，反映了心理学中关于原型研究的最新发展。

第三章到第六章，重点讨论了强大原型在商业上的独特价值，是对原型管理的具体解读，将以大量案例分析的方式讲解原型管理在实践中是如何应用的。

第七章针对两个我们最为熟悉的强大原型进行解读，既是例证也是复习，以期使读者对强大原型和原型管理有一个综合的认识。

目 录

第二章　原型的分类 / 35

第三章　强大原型发生作用的六大机制 / 71

第四章　强大原型和认知系数 / 97

第一章　原型的内涵

在人们头脑中，没有实物，只有事物的"表象"，即意识映像。"表象"就是原型，人类的意识和心灵除了神经信号构成的表象之外没有任何实存的东西。"世界是我的表象"这一论断，从心理层面理解说明大众头脑中原型的抽象编码比较接近现实世界而已。也就是说，世界的"存在"是"原型加工"和"表象者"关系的认知。

原型为认知提供了有效信息

每一个人的头脑中都有一个巨大的图书馆，那里面的每本书都是对特定事物的说明书、参考书或操作手册。在心理学中，我们把这些"书"称为"原型"。

这些原型平时大部分时间都在"沉睡"，但在特定时刻就会被"唤醒"。比如在口渴的时候，可口可乐的原型会被唤醒，在饿的时候，"饿了么"的品牌原型会被唤醒。商品的原型一旦被唤醒，就会让消费者产生购买行为。

那么，原型到底是什么呢？在这里我先给出它最抽象的定义：

原型就是人们头脑中一组结构化了的信息编码，它对应于实际存在的或虚构的人或事物，以达成人们对该人或事物的认知和理解，或者是一套用以驱动人们内在或外在行动的算法。

上面这样的定义有点抽象，那么我们试着用易于理解的方式来解读。

人类的大脑就像电脑的硬盘，那么在大脑中沉睡的无数原型又是什么呢？无数原型就如同硬盘里面存储的一大堆文件，每一个文件就是一个原型，每个电脑文件对应着特定的对象，例如一个品牌、一个人、一个物等，有些文件是驱动电脑运行的程序，也就是算法。电脑中的文件如果被读取到内存里面了，那就是原型被"激活"了，潜意识中的原型就被调出来，就能够影响人的思想和行为。

原型是结构化的信息

原型的本质，其实就是被高度结构化了的信息。

在 IT 行业，"结构化"这个词在数据库理论中最为流行，它代表"按照特定的格式和规则把一组信息组织在一起。"比如要把一个人的信息存储到数据库里时，往往要按照姓名、性别、民族等固定的格式进行编辑，以实现对个人信息的结构化存储。电影、电视剧、歌曲等，里面的内容信息也都是结构化的。之所以需要结构化，是为了使大脑能够更好地查询和使用这些信息。人类大脑有把信息结构化成一个个原型的能力，然后向他人传送一个个原型的信息集，如一篇文章、一个报告、一本小说等。我们按照头脑中原型的结构化方式传递信息，企业和公司也按照原型的结构化方式向大众传递自己的信息，比如品牌名称、形象、产品价值、行业影响等。大众有把信息加以结构化的倾向，这样的倾向出自人类大脑内部塑造原型的固有方式。大脑是一个巨大的数据库，里面的原型都是被较好地结构化了的信息集，这些原型是立体的和多媒体的，出自于多个脑区的信息和记忆的结构化集合。

苹果品牌是由企业家乔布斯创建的，品牌原型是一个被咬了一口的苹果，之所以如此出名，原因之一是借用了苹果这个强大的自然原型，尤其是苹果大量结构化信息赋予其强大的内生能量。大众头脑里的苹果原型，不是一些散乱的记忆信息的堆积，它就像是一本被高度结构化了的、多媒体的、"活"的书籍。作为一本"活书"，它也有自己的书名，即"苹果"，也有经过我们大脑精挑细选的相关内容，例如苹果的色泽、形状、大小、手感、口感等。同时还有"案例"，比如一些最鲜明的，关于苹果的记忆等；也有"内容引申"或"概念外延"，例如亚当和夏娃吃的苹果、砸在牛顿头上的苹果等。我们的大脑就像那些伟大的作家一样，对苹果原型这本"书"的内容进行了精心的筛选，那些与苹果无关的内容被排除到苹果原型之外，有用的信息被组织到（即结构化到）苹果的各种属性里面。苹果可能是红的，也可能是绿的，这就是苹果的颜色属性；苹果可能是大的，也可能是小的，它是一个类似圆形的、两边凹陷的立体，这是苹果的形状属性；苹果可能是酸的，也可能是甜的，不同品种的苹果有不同的香味儿，这是苹果的味觉和嗅觉属性；苹果可能是红富士、黄元帅、国光等，这些是苹果的品种属性。苹果甚至还有声音的信息，比如说，在咀嚼苹果的时候，听到自己咀嚼苹果的声音。所有这些属性都被组织到苹果这一原型之中，我们通过这些属性来辨认苹果。我们脑中的苹果原型这本"书"是如此鲜活，内容是如此完整而丰富，查询是如此简便，以至于在一瞬间，我们听到的、读到的、看到的、闻到的等各种信息同时来到我们的意识脑区，使我们认出或"知觉"到苹果的存在。如果没有这样丰富完整的结构化信息被组织到我们脑内的苹果原型之中，我们是无法辨认苹果的，苹果也就不会是"强大的原型"。所谓"明白了""懂了""会了"，其实就是表明我们对于有关的内容已经在大脑里面拥有原型了。所谓的"活学活用""举一反三"，说的就是要把知识变成便于理解、能够指导行动的"活"的原型，而把信息结构化到原型之中，是全人类最基本的信息加工需求，教师、教练、图书的作用，都是帮助把信息结构化到受众心中的原型系统里面。

原型系统对认知活动起重要作用

　　当消费者来到商场时，对琳琅满目的各种商品比较着、判断着，他们在对所有的商品进行着"认知"。在这一过程中，对消费者的认知活动帮助最大的就是他们内心保存的各种原型，而对消费行为影响最大的则是品牌原型。

　　大众会依照原型来认识和理解周边事物，原型也决定了他们对待事物的态度，并参照原型进行判断和行动，如图1-1所示。

　　从图1-1中我们可以看出，外界输入的信息，在经过感官到达意识而被感知之前，都先要穿越原型系统，任何信息都预先经过了原型系统的检查，然后，原型系统只放行它认为需要的信息传送给意识，传送的同时还附加上一些解释说明，即原型的结构化信息。这样一来，我们在看到一瓶可口可乐时，才知道这个红底白字的瓶子到底是什么，因为在我们的原型系统里面有可口可乐的信息。原型系统所做的就是把外界刺激信号加工翻译成意识能理解的方式呈现给意识。这种"把信息传给意识并附带说明"的过程，就是我们所说的"知觉"过程（见图 1-2）："知觉"就是呈现刺激的同时附加解释，而"感觉"就是直接呈现刺激给意识。人脑中的"认知活动"，其实就是原型系统对输入刺激进行辨识和加工的过程。

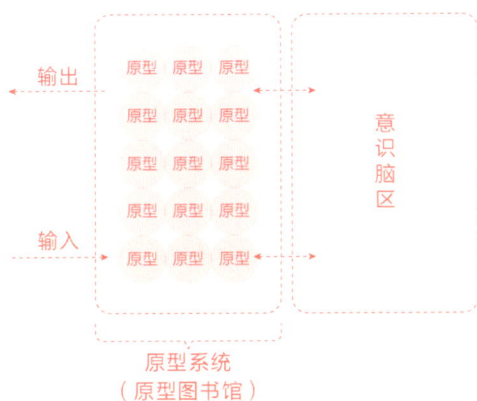

图1-1 原型系统的工作简图

图1-2 知觉，认知过程

那么，如果我们看到一个陌生的饮料产品会发生什么呢？此时，信息在传达到意识时，附加的说明就比较少了，可能只附加了"这是一个瓶子"，并且是"一个装有某种饮料的瓶子"，以及大概的重量和体积等。由于没有强大原型的指引，消费者是难以做出决策和采取行动的。即使这些简单的信息也是原型提供的，因为我们的"原型图书馆"中有"瓶子"和"饮料"的原型，这两个原型告诉了我们信息的内涵。

　　从以上对原型的初步解读可以看出，任何企业的营销活动，本质上都是在进行一种心理学操作，要通过广告、软文等各种手段使品牌或产品原型进入大众的头脑，即让这些原型在每个人的原型系统里安个家。

原型系统帮我们处理信息

　　我们之所以看到、听到和感觉到外界的事物，是因为各种感官把相关的刺激信息传送给了大脑。当我们的感官得到一个信息之后，首先把信息送到原型系统，后者并不是马上把这些信息传送给意识脑区的，而是先对信息进行预加工，并做出决定，传送给意识或不传送给意识。外界信息就像从公司外面打来的电话，原型系统就是意识脑区的"秘书"，他接听了电话，然后自己决定是不是转给"老板"（即意识）。

　　当我们睡觉时，大部分外界信息都被我们的原型系统屏蔽掉了，以便让我们的意识好好休息，这样我们就可以舒服地睡个好觉了。当我们在街上散步时，大部分信息也被原型系统屏蔽掉了，否则我们的意识就会忙着处理来自各个感官的信息，那样一来，也就没有时间把注意力放在更重要的事情上。信息屏蔽能保证大脑处于能量最节省的状态。

很多人都有很强的"集中注意力"的能力，这其实是原型系统帮他们屏蔽掉了很多"无用的"外界信息。我们都有专注的时刻，这样的时候其实是原型系统在起作用，它屏蔽掉所有无关的"干扰"。

消费者在商场里闲逛时，大部分的商品信息也被他们的原型系统屏蔽掉了，只有那些在他们的原型系统中占有重要地位的品牌原型才能引起注意，就像是在对他们说："请注意，请注意，你们的老朋友我在这里！"品牌的原型系统脑区开始活跃了。如果品牌原型足够强大，消费者的原型系统脑区达到异常兴奋的状态时，那么，他们脑中那个名叫"购物狂"的小魔鬼就该出手了。

我们依赖原型系统来认识世界

我们的知识和经验是由大量的原型构成的，这些原型组成了特制的数据库，形成了个体的原型系统。

原型系统的价值，首先表现在我们依靠它来认识世界，当我们看到麦当劳的品牌门面时，无论是在北京看到的，还是在西安看到的，甚至是在国外看到的，也无论麦当劳的门面是大还是小，我们大多能马上认出它来。

当我们看到一个苹果的时候，无论这个苹果是大还是小，是完整的还是被啃了一两口的，我们也能马上认出它是"一个苹果"。"认出苹果"的前提是要在我们的心中预先存在"苹果原型"，通过这个原型，我们能认出各种苹果，通过把看到的苹果与脑中的"苹果原型"进行对照来完成这一过程。

事情还没有这么简单，由于我们心中存在着千万种用于识别各种事物的原型，因此，在识别苹果的心理过程中，首先是快速地把看到的苹果信息与脑海中千千万万种原型进行了对比，之后才在众多原型之中选定了"苹果原型"，然后再用这个"苹果原型"去和面前的那个苹果进行最后对比确认。整个过程中，原型系统参与了加工和处理感官输入信号的操作之中。

识别和认识苹果这样复杂的过程，竟然能够在一瞬间完成，并且还不止于此，在认出苹果的同时，我们还认出了周边其他许多东西，可见人类脑力之强大。

原型是能够决定我们行动的知识

　　原本在大众的意识里，"原型"这个词汇是指原来的类型或模型，特指艺术作品中塑造事物形象所依据的现实生活中的事物。大众头脑中的各种原型具有同样的价值，可以参考这些原型来想象外界事物，就像艺术家们想象作品中的事物一样。我们的知识和经验是由大量的原型构成的，原型影响着我们的思想和行动，反映了知识和经验在我们大脑"数据库"中的组织方式。

　　原型也指神话、宗教、梦境、幻想和文学中不断重复出现的意象，它源自民族记忆和原始经验的集体潜意识。这种意象可以是描述性的细节、剧情，也可以是角色典型，它能唤起观众或读者潜意识中的原始经验，使其产生深刻、强烈、非理性的情绪反应。

　　原型不同于我们通常理解的知识，因为"知识"其实只是一些以语言文字的方式表达的观念或断言，这样的观念或断言可以从属于一个原型，原型是比观念或断言更加全面更加灵活的多媒体信息。头脑中原型就像一本书，然而它们又超越了一本书，因为每个人头脑中的"原型之书"一直都处于不断润色、增删和改写的过程之中。同时，它们还随着时间的推移、脑力的衰退、"刷新"的缺乏而处于自我退化之中，这些过程在睡眠时也不会停止。我们大脑每天的基本工作，就是维护头脑中"原型图书馆"里的许多"原型之书"，可以称头脑中的"原型图书馆"为"原型系统"或"数据库"，但它却超越了通常意义上的图书馆或数据库，是一个为我们认识世界专门打造的信息库，说它就是我们的精神世界也不为过。原型系统不但是我们的知识系统，还是我们的技能系统，人们通过自己头脑中的各种原型来认识世界，与世界沟通。

公共原型与强大原型

　　绝大多数人的头脑中都有的原型属于"公共原型"，世界级的公共原型广泛分布于公共规范和规则领域。交通信号灯就是最典型的例子，它是全世界指挥交通运行的通用标准信号系统。人们对红绿灯都很熟悉，它由红灯、绿灯、黄灯组成，红灯禁止通行，绿灯准许通行，黄灯警示车辆和行人信号灯即将变换。人们每天都要与红绿灯相遇，红绿灯是世界上认知程度和熟悉程度最大的公共原型之一。聪明的企业家在设计产品的时候往往善于利用大众最熟悉的公共原型，为产品或品牌所用，比如红绿灯的原型在苹果浏览器左上角就有应用。

　　本书所说的"强大原型"，首先它必须是公共原型，其次它还必须是人们最熟悉和喜欢的原型，它在人们心中的认知度也必须很深。公共原型实在是太多了，不但存在于公共规则领域，也存在于自然界，例如我们每天看到的太阳、月亮，这是人们脑中的公共原型。

在人类的头脑中，没有实物，只有事物的"表象"，即意识映像。"表象"就是原型，人类的意识和心灵除了神经信号构成的表象之外没有任何实际存在的东西。"世界是我的表象"这一论断，从心理层面理解说明大众头脑中原型的抽象编码比较接近现实世界而已。也就是说世界的存在是对"原型加工"和"表象者"关系的认知。

文化就是群体性的原型系统

那么，原型与社会活动又有什么关系呢？只要把视野放大一些就知道了。

我们把各种群体也看成是一个生命体，这些或大或小的生命体也和个人一样，有着自己的原型系统，也依照自己的原型系统来认识世界、链接世界。

公众其实是一个未经较好组织的群体，像一个巨大的生命体，其中的每个个体共享着某种原型系统，我们把这样的原型系统称为"文化"。"文化"也是公众共享的某种原型的集合。

正是因为群体有生命体的特征，才出现了把个体链接为群体的人，如政治家、企业家和艺术家等，他们是与公众的原型系统进行链接的人。本质上，他们是在与每个人头脑中的原型系统建立链接。

以老干妈为例，创始人陶华碧非常善于与大众头脑中的原型系统链接，她的公司其实有两个品牌，一个是"老干妈"，另外一个就是陶华碧本人，她是老干妈这一品牌的人物原型。陶华碧如何利用文化植入企业品牌的原型？她首先利用了"老干妈"这一人们最广泛认可和饱含情感的原型——母亲的关爱、超越血缘的亲情、跨越年龄的关切。老干妈还借势了强大的食文化原型"油制辣椒"，原本是贵州地区传统风味食品之一，属于最深厚的传统食文化的组成部分。老干妈一直沿用传统工艺，这是与文化嫁接的另一手法。1984年，陶华碧推出老干妈产品，1996年批量生产后在全国迅速成为热点，公司也成为国内生产及销售量最大的辣椒制品生产企业，同时还走向了全世界。老干妈也成为强大原型，在很多国外购物网站上，老干妈都直接译成"Lao GanMa"。2012年7月，美国奢侈品电商Gilt把老干妈奉为尊贵调味品，限时抢购价11.95美元两瓶，中国的大众调味品变成了美国的"进口奢侈品"。

　　不只是企业家，政治家和艺术家们也都是与人类原型系统链接的行家。以作家为例，他在进行创作时，往往都有自己的"人物原型"，他要把这些"人物原型"推向公众，方法是先依照这些"人物原型"来创造作品中的人物。作品最终能否成功，取决于他所创造的人物和内容在进入公众的头脑后，和那里千千万万个原型发生碰撞时，能够激活其中的多少原型，产生多少共鸣。

　　作家使用的人物原型可能是私有的，也可能是公共的。私有的人物原型，其"认知广度"很低，可能只有作家自己和少数人熟悉，或干脆是作家臆造的人物。比如沈从文的好几部作品的女主人公的原型都是他的妻子张兆和，他们的共同特征是"皮肤黝黑、相貌清秀"。这样的原型没有预先存在于读者的头脑中，也不一定与多数人头脑中的某个人物原型相似或相像，因此是作家的"私有原型"。

公共的人物原型，是大部分人都熟悉的人物，这些人物可能是具体的，例如孔子、诸葛亮、列宁、奥巴马或其他公众熟悉的人物，也可能是抽象的，如英雄、帝王、圣人等。

公共原型的特点就是认知广度很大，往往超过数亿。以"圣诞老人"为例，他的认知广度极大，全世界的孩子基本都是他的粉丝。在神话传说中，圣诞老人在圣诞节前夜，会乘驾由九只驯鹿拉的雪橇在天上飞翔，挨家挨户地从烟囱进入屋里，然后偷偷把礼物放在孩子床头的袜子里，或者堆在壁炉旁的圣诞树下。圣诞老人一年中的其他时间里都忙于制作礼物，对于孩子们来说，他是无私之爱的象征，对于成年人来说他是儿时的美好记忆。圣诞老人是如此深刻地内嵌到了东西方的文化之中，以至于每年的平安夜都会出现他的千千万万个化身，人们会装扮成他的样子给孩子送上礼物。这个强大原型就这样年年岁岁地沉淀在世界的文化之中，成为强大无比的公共原型。

强大原型就是公众共享的原型

　　大众共享的诸如名人、神话、动物等公共原型更具有传播性，因为心里拥有这些原型的人们就会传播它，谈论它。人们通过共同的原型找到了"共同语言"，共同语言本身就是共享许多原型的意思，人们都是自己所喜爱的原型的免费推销员，因此公共原型拥有最多的免费推广者。

　　作家和企业营销人员在产品推广方面有些类似，他营销自己的作品，推广其中的人物。由于公共原型更具有传播性，因此对于作家来说，如果他直接把某个具体公共原型当成作品中的人物，例如通过写曹操来写历史故事，就能在受众心中产生更广泛的共鸣，让读者感觉到熟悉和亲切，并激发出情感能量。因此在文学作品中，以公共原型为基础塑造的角色大都是成功的。

许多公共原型都具有强大的传播性，这就是本书所说的"强大原型"。任何一个原型，只要它认知广度非常大、同时又具有明显的传播特征，它就是一个强大原型。在商业世界中，那些善于利用公共原型推广品牌的人都是营销高手。

瑞士心理学家荣格认为，只有公共原型中属于先天遗传的原型，才可称之为原型，如阿尼玛、阿尼姆斯、智慧老人、内在儿童等。荣格还认为，作品一旦表现了他所说的这种原型，就"道出了每个人的声音，可以使人心醉神迷，为之倾倒"。荣格对原型的理解是多么深刻啊！

原型是记忆的积累和组织

忘不了猜想

原型是对记忆的积累，这是我们塑造品牌时所利用的最主要的原理之一。心理学中有一个"忘不了猜想"，认为一个人能够记住他的所有经历。这个猜想无法被证明，因为每个人似乎都"忘记"了很多事情。

然而，这个猜想也很难被证伪。第一，许多现在"想不起来"的事情，过一段时间很可能就想起来了，例如人名、地名、经历等；第二，催眠实验提供的众多案例表明，许多我们认为"不可能记得"的儿时经历，在催眠状态下竟然可以被鲜活地回忆起来，这说明记忆并没有消失，只是藏起来了；第三，精神分析的基础也是根据这个猜想，即精神障碍是由被压抑的儿时记忆造成的，而其本质上是由被压抑的儿时记忆所塑造的原型造成的，如果能够通过精神分析再次回忆起被压抑了的记忆，障碍即可解除；第四，事实证明许多"失忆"者的记忆最终能够被恢复。总之，"想不起来"或"忘记"，可能只是暂时无法回忆起来，而不是记忆在头脑里的信息真的消失了。这就像我们在家里无论如何也找不到一顶帽子，但却能够肯定这顶帽子还在家里的某个地方一样。

"忘不了猜想"有着巨大的意义，因为它可以解释一个人骑自行车的技能为什么会越来越熟练，也可以解释为什么人们对亲人和朋友，对周围环境、所学知识的认知越来越深刻，也可以解释为什么人们对世界的认识越来越固化。

记忆变成了原型

人类对任何一次经历的记忆都并没有真的消失，它只是被升华到各种原型里面去了，这才使得那些技能、习惯等算法的原型越来越熟练，使那些对象原型越来越鲜活。把记忆变成原型的心理过程，有一个计算机领域的名词对其解释得非常贴切，即"深度学习"。不错，今天人工智能领域的"深度学习"，不过是对"人脑把记忆加工成各种原型"的模仿。

前文说过"认知广度"的概念，它指有多少人头脑中有这个原型，那么这个公共原型的认知广度就是多少。现在再介绍原型的"认知深度"，即统计人们在一个原型上积累了多少次记忆。例如，虽然每个人都不会确切记得，但是一个人从小到大，假如接触圣诞老人相关的信息的次数是 1000 次，那么他心中圣诞老人原型的认知深度就是 1000。

一个人所有的直接或间接的经历，都对塑造他心中的千万个原型做出了贡献，这些经历的记忆塑造了他头脑中的原型世界。因此，"忘不了猜想"至少表达了一个真理：所有那些我们以为已经忘记了的内容，其实都只是变换了存在方式，把自己的各种要素编码到头脑中众多的各种原型之中去了。

记忆之海

电影《谍影重重》的主人公是一个失忆的特工，但他的许多基础能力却一点儿也没有失去，包括语言能力、格斗能力等，只是经历和身份被忘记了。失忆的人还保存着基本生存能力，其实是他没有失去自己的那些最有用的原型，他用来认识世界、与世界链接的原型系统还在。虽然都编码在记忆库中，但原型记忆和对经历的原始记忆是两种不同类型的记忆。原型记忆是重要的、每时每刻都要用到的结构化记忆，而原始记忆则是非结构化的。人主要依靠原型生存着，他依靠原型延续着每天的日常生活，而不是靠回忆生活。因此，人在失忆时，首先失去的是没有太大用处的原始记忆，这也是大脑处理信息的一种节省能量的策略。

人的记忆如浩瀚的海洋，其中有两种记忆，一种是原型记忆，另一种是原始记忆，如图 1-3 所示：

图 1-3 是我们每个人"记忆之海"的原理图，记忆中保存了众

多原型构成的"原型记忆"（图 1-3 横虚线上方的部分），以及我们的原始记忆（图 1-3 横虚线下方的部分）。

图1-3 记忆之海

人类大脑的基本功能之一，就是把原始记忆结构化为原型。

人类需要睡眠的原因之一就是塑造原型系统。在睡眠时，大脑并没有停止工作，而是在忙着把一天的记忆打散并归档到各种原型之中。许多人都有这样的经历：前一天想不明白的事情，第二天一早醒来却感觉清晰多了。一个人白天经历的事情越多，心里就感觉越混乱，这是因为对一天的经历理不出一个头绪，也就是无法把经历归档成为原型。当他睡了一觉之后，心里就安定多了，对昨天发生的事情也有了更多的理解，对某些人也有了更多的理解，人物原型丰富了；某些技能也更加熟练，算法原型熟练了，这都是因为睡觉时许多记忆都被分解并编码到原型里面去了。

　　生活过于忙碌的人，他的大脑没有那样多的时间把他的记忆都整理并归档成为原型。宗教人士提倡让人进入某种"闭关"或"冥想"状态，这其实是一种主动的、不关闭意识脑区的睡眠。闭关和冥想的效果之一，就是"获得了内心的平静"，因为以前的许多经历终于有时间整理成为原型了。闭关、入定、冥想、静坐等，都是在大脑的记忆库中"打扫卫生"的活动，所利用的就是大脑会自动把未处理的记忆整理并归档成原型的天性。人在"闭关"和"入定"时，"杂念"纷至沓来，这是大脑中的记忆之海自动地把一些待处理的记忆信息，送到头脑里来以便进行结构化处理。许多佛教经典还教给我们整理记忆的原则，例如"静观而不投入""宽恕而不仇恨"等原则，就是让人不要参与记忆送到意识里的过程之中。因为"投入"和"仇恨"会出现新的待处理记忆，进而会增加大脑处理记忆的负担。简单生活的人，其实是在追求一种非常奢侈的、有足够时间对自己的记忆之海进行结构化的有序生活。近年来许多人开始提倡"断舍离"的生活方式。"断"是"不买、不收取不需要的东西"，"舍"是"处理掉没用的东西"，"离"的意思是"舍弃对物质的迷恋，让自己处于宽敞舒适、自由自在的空间里。""断舍离"，看似是在追求对生活中杂物的极致结构化，本质上是追求对于大脑内记忆和思维的结构化。干净整洁的环境就是充分结构化的环境，我们愿意生活在这样的环境之中，是因为我们的大脑有着追求结构化的天性。这种天性的内在表现，就是把记忆结构化到各种原型之中，外在表现之一就是"断舍离"。人脑对此处理的策略是：如果有了作为收纳箱的原型，那么非原型的原始记忆就可以处理掉了。

练习的积累

原型是对记忆的积累和组织，这一原理并不意味着原型仅仅是简单的记忆堆积，而是把最相关的记忆从原始记忆中分解出来纳入原型，对原型进行不断的丰富和刷新。

其实每一个人都懂得积累记忆的原理，例如一位妈妈会不断地指着一个苹果对婴儿说："苹果，这是一个苹果。"这种不断的重复，在心理层面就是在积累孩子心中对于苹果原型的记忆。妈妈说出苹果的名称（词语原型），指着苹果的实物（对象原型），给孩子讲苹果的故事。孩子通过眼睛、手、耳朵等各种感官接收着关于苹果的信息，并形成记忆，心理学中称之为"短时记忆"。这些记忆积累并组织起来使婴儿头脑中的苹果原型丰满，妈妈在这里其实是老师，她在用"记忆堆积"原理塑造着婴儿头脑中的一个个原型。

心理学中的"短时记忆"，指的是保持在一分钟以内的记忆。我们每天都会经历许多"短时记忆"。这些短时记忆是有价值的，它可以加强已有的原型，这是一种"对原型的刷新"，因为原型如果不经常刷新的话，就会退化。"曲不离口""拳不离手"，就是不断用新的记忆对算法原型进行刷新。运动员、音乐家、演说家等，每天都要锤炼他们的技艺，就是用新的记忆积累不断刷新原型。再熟练的技能，每天练习也还会有提高，这说明新的记忆仍然参与了原型的塑造，并没有被浪费掉。人们的技艺能够达到"化境"的无我程度，其实是极大量记忆积累的结果。李斯特说过："一天不练习，我自己知道；两天不练习，乐评家知道；三天不练习，观众就知道了。"一些成熟的公司就知道原型需要刷新的原理，比如麦当劳，虽然已经是人们头脑中非常熟悉的原型了，但仍然坚持不断地投放广告，其实就是让消费者处在不断刷新其品牌原型的"练习"之中。

原型的成长和变化：发现真相的过程

　　大众在购买手机的时候，头脑里的品牌原型会发生激烈交战，买哪个品牌的手机，此时在脑海中交战的是各手机品牌的原型。不过最终，往往是那个内容最丰富，在头脑里"成长"时间最久的品牌占了上风。

　　人脑中的原型是如何成长的？这要从它的编码结构说起。我们头脑里每个原型的编码结构都相当复杂，往往都有许多属性，同时还可能有许多"方法"。对于一个具体的人物原型，如孙悟空这个抽象原型来说，还有"历史""关系"和"装备"等属性信息，如图 1-4 所示

图1-4 原型的编码结构

　　孙悟空这个人物有很多属性，属性就是一个原型的特征，如身高、长相、肤色等。他还有许多能力，在这里我们称之为"方法"，方法就是一个原型所拥有的算法原型，例如他的"七十二变"就是主要能力。他还有各种社会关系，关系就是一个原型与其它原型之间的联系，比如和天上诸神以及西方诸佛的关系，和唐僧、猪八戒的关系等。他还有自己的历史，历史就是原型在时间的延绵中与其他原型互动的记录，例如何时出生，何时学艺，何时大闹天宫。他还有自己的"装备"，装备是归属于一个原型的附属原型，孙悟空主要装备就是金箍棒。也就是说，孙悟空原型对照图1-4中的每一项都可以列出一个清单，如属性清单、历史清单、关系清单、装备清单、方法清单等。大众头脑中的孙悟空原型也有各种清单，随着了解的加深，孙悟空原型也会成长，属性、方法等清单会越来越长，原型变得更加有血有肉。对于那些我们每天都接触的人和事，无论是在文章里接触的，还是在现实中接触的，这些在我们头脑中的原型都在不断成长，属性和方法等都越来越丰富，我们越来越了解其"人物真相"，也就是我们常说的"日久见人心"。也就是说，原型会随着对它的认知深度的增加而成长。

按照原型的编码方式传递和接收信息是人类的基本需求，因为这样可以让认知最高效。因此当我们登录一个公司的网站时，会发现那里有按照原型的方式编码的"公司简介"，还有产品简介和服务说明，全都是按照原型的要求编码的，都有原型的编码结构。人们潜意识希望按照原型的方式了解任何对象，对象需要含有尽量丰富的属性、方法等编码结构。

我们头脑中的每个原型都是一本"活书"，它会成长，它的成长就是丰富属性、方法等清单的过程。从本质上来说，原型在我们头脑中的成长过程，其实是一个发现真相的过程，因为我们最想知道的是原型所代表的事物的真相，从而有利于以正确的方式和态度与世界链接。

第二章　原型的分类

对于一个人来说，他头脑中的原型系统就代表了他认知的整个世界。在人类所有的活动领域里，每个人都在自己的活动范围内建立了大量的原型，形成了他头脑中相互联系的原型系统，或称他的"原型世界"。

在人类足迹所及的地方，我们所认识的世界，全部都进入了人类的原型系统。

原型的类别具有多样性

　　我们按照原型对商业推广的关系，罗列一些最常用的分类，例如私有原型和公共原型、抽象原型和具体原型、算法原型和对象原型、先天原型和后天原型、正面原型和负面原型、词语原型和虚拟原型、自然原型和文化原型等。

私有原型和公共原型

私有原型的概念有两个方面。

首先，一个人头脑中的所有原型，其实都是他的私有原型，因为一个人头脑中的原型不可能与其他人头脑中的原型完全一致，任何大众认同的原型在进入某一个人的大脑之后，都打上了个性化的烙印。私有原型，就是被个性化了的原型，这些原型往往对他来说非常熟悉，例如他的父母和亲友，以及私人物品和他的技能知识体系等。

其次，私有原型会发展成公共原型，即拥有越来越多粉丝的原型。例如一个婴儿，起初只是其亲人的私有原型，但是随着他的成长，他通过自己的能力让全国或全球的人都熟知他，成为知名人物，他就逐渐变成了一个公共原型。

名人的公共原型都是从私有原型发展起来的。很多大明星发展成为世界范围的公共原型，然而最初，他们只是有限范围内的私有原型。

品牌的成长历程也是这样的，最初只是少部分人的私有原型，甚至于只是一个人的私有原型。此后，随着私有原型的发展和壮大，它慢慢成了公众的公共原型。

很多强大原型，都有一个从私有原型向公共原型发展的过程。爱因斯坦的相对论属于物理世界的原型系统，这些概念在他公开发表之前，只是他自己的私有原型，因为只有他熟悉这些原型。然而如今，这些原型已经在一定范围内变成了公共原型。至于爱因斯坦本人，如今更是家喻户晓的公共原型了。

荣格认为，只有粉丝数量或认知广度数值等于世界人口数量的原型，即在每个人潜意识里都存在的，才可称之为原型。孙悟空在中国是公共原型，在其他国家就未必是了。亚当和夏娃是世界范围的公共原型，但还是有许多人并不知道他们。西方神话有一个人头马身的神，人头马 XO 白兰地就取自这个公共原型，然而人头马在中国并不是历史悠久的公共原型，很多人对其内涵并没有深刻理解。

人们说隔行如隔山，其实说的就是原型的粉丝是以行业为界限的，任何一个行业的原型系统，也只是对这个行业的有限的细分，原型只在这个行业内拥有自己的粉丝。一个专业人员到了其他行业，他所拥有的公共原型就变成了他的私有原型，价值就会大打折扣。

他要想在新的行业有所作为，就要向新行业内拥有强大原型的专家付费，以购买他的专业知识和技能，也就是专家的原型。

世界上所有的品牌都是后天植入我们头脑的原型，都是有限人群的公共原型。因此，公共原型就像组织者一样，它通过将自己植入粉丝大脑内，依靠其强大的内生力量，把世界各个角落的人们组织在它的旗下。原型是人群的组织者，原型有组织人群的能力，它像无形的磁场一样将人们聚拢到一起，形成各种各样非正式的隐形组织。

马云的公司原本是一个无名的小公司，但他用"阿里巴巴"这个在世界范围内覆盖面极广的公共原型来推广自己，"阿里，阿里巴巴，阿里巴巴是个快乐的青年……"滴滴公司原本是个名不见经传的公司，然而它用"滴滴"这个中国孩子都知道的原型词汇来成就自己的强大品牌。他们都是用强大的公共原型把大众聚拢和吸引到品牌上来的，用强大原型的内在力量，帮助自己成就伟大的事业。

本书所讨论的"强大原型"，它的第一个条件，就是它首先必须是一个公共原型，原型的粉丝量要足够大，这样才能用这个已有的强大原型给品牌以足够强大的动能。

所有品牌、产品和名人等，都经历了从某个或某些人的私有原型，慢慢过渡到公共原型的过程。这一过程如果是由人为主动推动的话，其活动就可称之为"原型管理"。

在商业推广中，我们最关心那些认知广度巨大的公共原型，因为只有这样的公共原型才能对大众发挥强大的组织效用。

抽象原型和具体原型

　　抽象能力差的人，会被人说成智力有缺陷。不幸的是，我们所有人的智力都存在某种意义上的缺陷，因为在人类浩如烟海的知识面前，我们必须放弃许多抽象推理，而直接去相信大部分的知识，这就是信仰的根源，即直接把别人建造好的原型搬到我们的原型空间里来。受教育程度低的人更需要信仰，他们要从世界上各种信息源中去挑选能令他们信仰的东西，从品牌、产品到服务，信仰可以令他们省略掉无比烦琐的抽象和推理的过程，直接将别人通过广告或其他方式宣扬的东西拿过来，来建造自己认识世界的原型空间。

　　和抽象能力差的人进行链接的专家，是各种各样的"精神领袖"，如企业家们，因此这些人本身也因此成了大众的公共原型。大部分人都是抽象能力差的人，他们需要专家站出来代替或帮助他们思考，若能直接把思考的结论给他们那就更好，那样就更节省他们用于思考的能量。结果，各式各样的专家就出现了，他们为大众提供"思考服务"，或称"抽象服务"。

从本质上说，任何原型都是抽象原型，哪怕是一些具体的事物，它们在大众脑海里的原型世界之中，也被抽象成了一系列结构化了的信息。所谓抽象，就是从现象中抽取出某种去伪存真的本质，凡是结构化的信息都具有某种程度的抽象性。原型去掉了我们记忆经验中许多不属于它的东西，所以才说，原型在本质上都是抽象原型。

然而，我们头脑中众多原型的抽象层次却是各不相同的，有一级抽象、二级抽象、三级抽象等，数字越大越是高层次的抽象，就越接近事物的本质和普遍性，但同时也越难以被大众理解。深入研究原型的抽象性发现，抽象级别数字越小的原型，其认知广度就越大，粉丝量也越大，因此就越具有传播性。在利用强大原型进行商业推广时，一定要尽量把品牌原型的抽象层级降低下来，如"天猫"和"三只松鼠"，都是一级抽象。

什么是一级抽象原型呢？就是那些用来代表一个具体的人或事物的原型，就是一级抽象原型。

一级抽象原型数量最大，其中各种名人就举不胜举，如孔子、贾宝玉、小龙女、詹姆斯·邦德等。

从上面这个名单里可以看出，一级抽象人物原型，是把一个具体人的数据抽象出来结构化而成的原型，至于这个人是虚拟的还是现实存在的，是在世的还是不在世的，都没关系，因为他的原型已经在我们头脑中永恒存在，已经存在于大众的头脑认知中。

当然，一级抽象原型不仅限于人物原型，还包括其他任何具体的事物或概念，例如春节、情人节这样的具体节日等也是一级抽象原型。

什么是二级抽象原型呢？就是从一级抽象原型中再次抽象出来的原型。例如"男人"这个原型，是从众多具体的男人个体原型之中抽象出来的原型。这样的二级原型还有神、英雄、战士、圣人等，这些都是人物二级抽象原型。

通常，我们把一级和二级抽象原型，称为具体原型，因为这样的原型可以指代具体的东西。

三级抽象原型，就是从二级抽象原型中再次抽象出来的原型，例如动物这一原型，就是从各种具体二级抽象的动物原型中抽象出来的原型。

通常，我们把三级及以上的抽象原型，统称为抽象原型，一级和二级抽象原型则称为具体原型。

抽象层级数字越小的原型，大众对它的接受程度就越高。认知广度即粉丝量最大的原型，其实是一级抽象原型。对于大多数人来说，他们喜欢具体的东西，不喜欢抽象的东西。我们说话、写文章时都讲究举例说明，什么是例子呢？往往是发生在一级抽象原型内的事情，称为故事或事件。为了让别人明白你的意思，就必须把文章的抽象层级降低，以便听者或读者容易接受。任何一篇文章，其目的都是为读者提供抽象服务，文章的结论或者主题观点往往是由二级或二级以上的抽象原型表达的。作者写文章的目的，就是从一级或二级抽象原型中抽象出更高级的抽象原型，然后用高级抽象原型构成"观点"或"文章主题"。当我们说"要用强大原型去推广品牌"时，我们是在进行高级抽象，因为"强大原型"和"品牌"都是三级及以上抽象原型。我们要做的就是要用强大原型让品牌成为一或二级抽象。善于演讲的人都知道要多说"人话"，晦涩抽象的词语对大众来说都是听不懂的。所谓"人话"，就是抽象层级尽量低的话，话中所使用的原型，通常都是一级和二级抽象原型，太高级的抽象原型，人们是不愿意接受的。

算法原型

　　原型的本质，是以大脑为主的思维器官中的一堆结构化编码，原型保存在我们的记忆之中，就像文件保存在电脑硬盘里一样。当原型被"唤醒"后，会被调用到意识或潜意识的"暂存区"中，就像程序被调用到内存里一样。此时，原型开始发挥它处理信息的作用，就像电脑处理信息一样。

　　我们在前面讨论的原型，大多可称为"对象原型"，包括名人，如普京；例如一个东西，如苹果等。人和物对我们来说都是"对象"，人类大脑对每一个这样的"对象"进行编码，都可称之为一个"对象原型"。

　　在对象原型之外，还有另一类原型，即"算法原型"。

　　算法原型和对象原型的本质是一样的，也是我们记忆"内存"中的一堆结构化编码。算法原型就像电脑程序一样，它运行的目的是执行一些身体行为。算法原型执行的有些"行为"是体内器官级别的，如心跳、呼吸、内脏运行、内分泌活动、条件反射等；我们的外部行为更是算法原型驱动的，例如每个人的习惯和拥有的技能等。

　　一个人的习惯是一种重要的算法原型，它规定了这个人的行为规律，还派生出人类的公共算法原型，如仪式、习俗和传统，这三者都是人类群体的"习惯"算法原型。仪式规定了特定情境下的行为程序，例如有开幕仪式、庆祝仪式、结婚仪式和奠基仪式等，不胜枚举。仪式是人们的算法原型，它给人带来特定的仪式感，就像习惯算法给我们带来的特定感觉一样。习俗和传统其实是另一种仪式，它通常具有周期性，因此已经超越了仪式而接近习惯了，所以人们经常把习俗与习惯并称"风俗习惯"。所谓传统，就是有一定历史的习俗，历史的积淀使之成为一种固化的算法原型，它与特定的人群相联系。百度百科上对传统的解释是"世代相传下来的思想、文化、道德、风俗、艺术、制度以及行为方式等"，其实就是世代相传的算法原型而已。

　　算法原型大多是私有的，例如一个人书写、说话等技能都是个性化的。也有许多公共算法原型，通用礼仪、法律法规、公共规则等都是公共算法原型。此外，人类的语言脑区存储了更多的公共算法原型，语言本身就是其中的一种，语言脑区中的观点和观念也是算法原型，如"爱国"和"抗日"等，都是公共算法原型。

人的观念和观点其实都是算法，但它们与通常驱动我们行动的算法不太一样。观点、观念、愿望和动机等可称为"伪算法"，它们并不直接驱动四肢或肌肉，但它指导和规范那些驱动肌肉运动的"真算法"。以购物付款这个"真算法"为例，它受到动机或观念"伪算法"的驱使和控制而运行。"我想吃肯德基"（动机）驱使你离家去肯德基用餐，"星巴克咖啡是最好的咖啡"（观念）驱使你去星巴克消费。

每个人都拥有大量的算法原型，我们头脑中的对象原型（比如对茅台酒这个品牌所形成的原型）其实只不过是以对象数据占压倒优势的算法原型而已，本质上也是算法原型。任何原型都是算法与数据的结合，其中算法负责驱动行为，数据负责提供行为参数。每个人的对象原型中都含有算法，这才使我们在看到一个对象时会激发相应的情感，只有算法才能激发情感。当大众看到借势原型的品牌时，对象原型会激发一系列算法原型，从而产生情感上的算法反应。因此，算法原型赋予了对象原型以情感的力量。对象原型告诉我们如何认识事物，算法原型则告诉我们如何去行动。对象原型像是描述性说明书，算法原型则是行动步骤和操作手册。

人和计算机都是通过算法来展开行动的，消费者的任何消费行动都是头脑中算法驱动的。"算法"是计算机语言，指的是一系列结构化了的指令。对于一个人来说，他的技能和习惯等，在记忆中也都是结构化的编码，都是算法原型。

原型的本质是信息的结构化编码。正是从这个角度出发，才把无论是先天的还是后天的，无论是对象的还是算法的结构化编码都看作原型，因为所有这些原型都共享着脑内对信息进行的"结构化编码"。

在商业推广中，我们最常利用的算法原型是故事原型，每个企业都为自己的品牌讲述很多故事，并把故事作为营销和传播的重要内容。著名作家约瑟夫·坎贝尔在他的传世大作《千面英雄》一书中，对故事原型进行了深刻的剖析，揭示了如今被人们称为"行动故事"，在人世间流传了千万年的故事原型。坎贝尔历经多年搜寻并阅读了全球各地的神话与宗教故事，将这些故事中共通的奥秘汇集在《千面英雄》中。他揭示的那些英雄故事虽然角色各个不同，但其实都共用一个故事原型。这种故事原型可以称为"英雄的旅程"，主要包括以下几个主要阶段：启程、启蒙、考验、归来，这是每一位英雄的必经之路，也就是所有行动故事的算法原型。坎贝尔总结的故事原型之所以著名，是因为全人类在听故事的时的心理过程，都是遵从这一算法原型向前推进的。他们需要了解主人公，需要了解主人公遇到的问题，需要了解主人公如何克服困难，他们需要悬念，还需要高潮。当作者按照这样的原型逻辑完成从头到尾的算法，他就完成了一个完整而吸引人的故事。当我们读网络小说时，就本能地要看看每一个故事是如何完结的，即期待所谓的"必须场面"和"高潮"的出现。其实，故事原型还有更深的层次，它挖掘一种人类普遍的算法感受。世界著名剧本大师罗伯特·麦基在其大作《故事》中说道："无论电影在哪儿拍摄，好莱坞、巴黎抑或香港，只要它具有原型的特质，其愉悦性便会在全球引发永久性的连锁反应，从一家影院传到另一家影院，从一代观众传向下一代观众。原型故事挖掘出一种普遍性的人生体验，然后以一种独一无二的、具有文化特性的表现手法对它进行装饰。"

故事原型在商业上价值巨大，它可以更有效地把品牌、产品或服务变成公众原型。企业家们善于创造以"痛点 + 解决方案"故事来推广品牌和产品，本质上是简化精炼版的坎贝尔故事原型，可以称之为"痛点 + 解决方案"故事原型。

有故事原型的广告能给品牌和产品带来更好的推广效果。许多企业家也都擅长于用自己的故事做传播，因为故事更容易帮助其成为公众原型，进而获得更多的认知和认同。

先天原型和后天原型

先天原型

心理学家荣格研究发现，文艺作品中的人格原型与人脑内各脑区有一一对应的关系，在所有人的梦里和所有文化的神话中，有不断重复着的角色或能量。荣格其实是把对象原型说成是"角色"，而算法原型说成是"能量"。荣格还认为，这些原型对应着人类头脑的不同侧面。我们的多重人格被头脑分配成了这些角色，从而让他们演绎我们人生中的戏剧。他指出，病人梦到的人物与神话中普遍出现的原型，有着高度的一致性，他进而认为，两者均来自人类较深层的集体无意识。

所谓"无意识"其实就是"潜意识"，潜藏于意识之下，并发挥着与意识类似或更强的思维作用，各种原型在潜意识之下运行，并只将其运行的结果或结论有选择地告知意识，让我们知道在意识"海平面之下"可能发生了一些什么样的事情。所谓"集体无意识"，是把大众群体当作由很多脑区组合而成的一个大脑了，其实也并不违背心理学常识，因为每一个人的大脑也是由众多的脑区组成的。"集体无意识"深藏于每个人潜意识深处的先天或后天原型中，控制或影响着每个人的行为。由于先天原型具有最大的公共性，当它发挥作用时，例如当人们在群体中处于极度的"非理性"状态时，人群看起来就像是由众多的人类个体"细胞"构成的巨大生命体。这个大生命体拥有整齐划一的无意识，执行着专为它编码的算法原型，行动时还参考着共同的先天对象原型，我们将它称之为"集体无意识"就再恰当不过了。

荣格对人格原型的描述，几乎就是现代心理学不同脑区对应不同人格理论的翻版。年轻的英雄（潜意识运动脑区，脑中的边缘系统）、智慧老人（意识和语言脑区，新皮层）、信使（各脑区在发育阶段谋求发现和创新的冲动）、阿尼玛（男人心中的内在女性原型，坐落于边缘系统）、阿尼姆斯（女人心中的内在男性）、变形者（即阿尼玛和阿尼姆斯的合称）、阴险的反派（即荣格所称的"阴影"，被社会和文化压抑的或未被发现的潜意识脑区集合）、伙伴（人际关系脑区）、骗徒（即荣格所谓的"内在儿童"，语言脑区之外的潜意识脑区，涉及自性的涌现与成长），这些全世界的神话里反复出现的角色，和我们梦中与幻想中出现的人物毫无二致。这就是为什么，神话以及大多数以神话为模板而建构的故事都具有心理上的真实感的原因。这些先天人物原型是人类大脑工作方式的真实写照，是人类心灵的精确图纸。这些原型具有心理上的合理性和情感上的真实性，因为它们本身就是人类潜意识中通过先天遗传而来的原型。孙悟空之所以广受欢迎，因为他源于英雄和内在儿童原型；猪八戒之所以获得女性欢迎，是因为他释放了阴影原型的欲望；诸葛亮之所以大受崇拜，因为他来自于智慧老人原型；曹操之所以血肉丰满，因为他结合了智慧老人、骗徒和阴影原型的各种特征；现代版的"男人"原型，其实是来源于先天的阿尼姆斯原型；现代版的"女人"原型，则来源于人们内心深处的阿尼玛原型。总之，在我们的各个人格侧面中镶嵌着不同的先天人格原型，它们深刻地影响着我们的思维和习惯。

算法原型也有先天原型，比如咳嗽、呼吸、咀嚼等，这些都是比较"低端"的、控制肌肉活动的算法原型。更高级一些的算法原型是各种情感算法原型，人类的各种情感都有它的特殊功用，否则就没必要作为原型这样消耗巨大资源的形式遗传到下一代了。产生各种情感的算法原型其实都是"亲生存"的，哪怕是我们认为的负面情感，其实也都是对生存有益的。例如，负责产生"愤怒"的算法原型，在我们需要力量，去消灭或破坏阻碍我们生存的障碍时发挥作用，它不但产生一种令我们感觉力大无穷想要发泄的毒素排入血液，还调节我们的呼呼、心跳和胃酸分泌，使其共同配合。愤怒情绪是人类在野外狩猎环境下战胜动物、在战争时打败对手的最佳内驱动力，是我们称之为"勇气"和"血性"的优良气质的心理基础。与愤怒类似，其他情绪和情感也出自于"亲生存"的算法原型，例如"爱"使我们更好地与他人共处，悲伤和哭泣启发他人的同情和帮助，忧愁督促人去思考问题的解决办法，欢乐释放积压在血液中的所有毒素，恐惧促使我们逃离无法克服的危险。产生情绪的算法原型无一不具有辅助生存的功用，同时也是商业推广中必须要利用的原型，也是最有效的获客原型。

人类还有一个系列的算法原型对繁衍是最有价值的，就是那些使我们认出异性，并对异性产生极大兴趣和欲望的各种对象和算法原型。当一个人成长到青春期后，与性相关的各种原型被激活了，人在生理上发生一系列变化的同时，对象原型发挥作用，使人对异性非常敏感。算法原型的运行使我们对异性产生向往和冲动，人类的繁衍也正是依靠这些原型的作用。在各种形式的文艺作品和商业经营中，与人类"性"有关的原型也被广泛利用。原型管理中最重要的一条法则就是"用强大原型来推广品牌"。先天原型都是最强大原型，无论其认知广度还是其所积聚的能量都极其巨大，利用先天原型推广品牌必然事半功倍，是品牌成功推广的最短路径。

后天原型

相对于先天原型，那些在大众后天生活中培养起来的，无论是对象原型还是算法原型，都是后天原型。

后天原型不胜枚举，我们出生后逐渐认识的一切人和事物，逐步获得的一切知识、概念、技能和习惯等，都是后天原型。

任何一个品牌、产品或服务，都是后天原型。它们要么已经成为大众广为熟知的公共原型，要么是有待通过推广后变成公共原型的后天原型。后天原型的形成是大脑对记忆的积累，是对这些信息进行结构化抽象的结果。这是我们进行原型管理所依赖的基本原理。

词语原型

　　许多父母都让孩子在很小的时候背诵古诗，这就是让孩子先建立词语原型。许多品牌名都是在人类语言之中创造的全新的词汇，例如谷歌、百度、丰田、格力、天猫、京东、抖音、微软、优步等，这些品牌名称都是纯粹的词语原型。就像我们了解肯德基这个品牌的心理历程一样，先在大脑里面建立了一个肯德基"词语原型"，然后不断地丰富这个原型的内涵。

　　当我们学习词语时，刚开始都只学到了不能理解其意的词语原型。出生后的婴儿每天都听到大人的对话，在头脑中接收了大量根本听不懂的词汇。由于养育者对某些词汇的大量重复，婴儿于是在脑中形成了最初的词语原型，然后才在生活中慢慢地补全了这些原型的内涵。

我们学外语时，一开始也是只接触到词语原型，虽然有相应的译文，但这些单词并不会马上与大脑中已经存在的某个原型结合起来。所谓"学会"了一个外语单词，其实是这个单词融入到大脑的某个原型当中，并被结构化成该原型的一个组成部分。例如我们学习 Panda 这个单词，目的是要把 Panda 这个词融合到脑内的"熊猫"原型之中，这样一来，我们才算"学会"了 Panda 这个词，因它终于在我们的原型系统里面找到了自己的原型宿主。

我们新接触的品牌，一开始都只是词语原型，百度、淘宝、支付宝、QQ 等，我们一开始看到或听到这些词时都不明其意，一定量的接触使我们率先形成了词语原型，然后结合更多的信息，这些词语原型才丰满起来，形成了真正的品牌原型。

在通常情况下，词语不能单独构成原型，它只构成了原型中的一些词语信息，如图 2-1 所示：

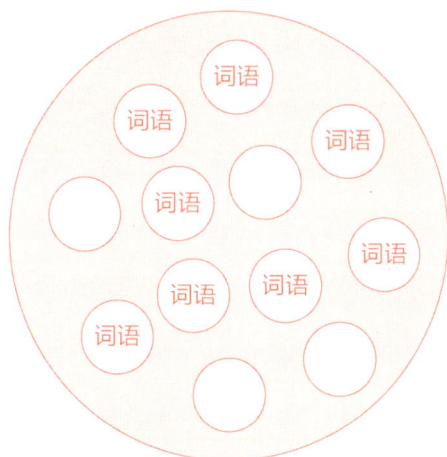

图2-1 原型中的词语信息

图 2-1 是一个真正的原型，图中外围的阴影包含了原型的所有内容，代表了我们大脑中的一个原型。许多信息被结构化地组织到这个原型之中，其中就有一些词语信息。词语原型并不仅仅是一个对象原型的名称，它还可以是对原型的一个抽象描述，例如"安全"，或原型的一种状态，例如"滴滴"等。所以在图 2-1 中，我们看到一个原型之中有不止一个词语。

仍然以熊猫原型为例，在这个原型中的词语有"熊猫"，它只是原型的名称，即称谓属性而已。你能听懂、理解"熊猫"这个词，是因为这个词被组织到你脑中的熊猫原型里面。而当你还没学会英语中 Panda 这个词时，这个词就并没有进入这个原型，只是与原型中的"熊猫"一词发生了微弱的联系（见图 2-2）。此时，Panda 在你的记忆之海中孤独地漂浮着，只以一根细细的绳索与熊猫原型中的"熊猫"这个词弱弱地连接着，它没有得到熊猫原型中丰富信息的支持，这等于你还没"学会"这个词。

推广品牌就像让人们学习一个外语单词，各种广告、促销活动中出现这些信息，其实都是在教你学习这个品牌"外语单词"。最有效的推广，本质上就是最有效的原型植入。品牌推广，就像是企业在教普罗大众学习"外语"。这种"教育工作"是非常需要技巧的。

世界上有大量的词语，我们是听不懂的，因为这些词语没有进入我们头脑中的某个原型。物理学中有许多词都是中文，但我们还是听不懂，说明我们并没在自己的大脑里为这些词构造原型。

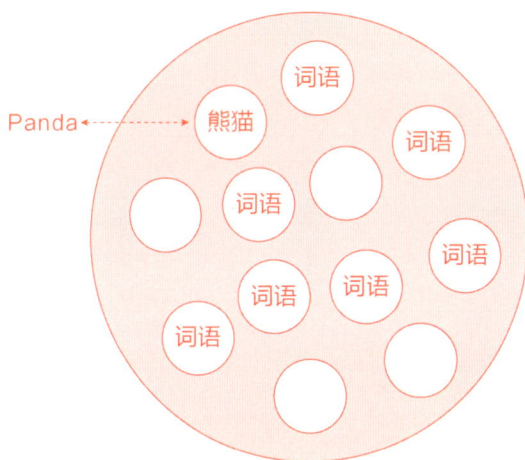

图2-2 外语单词还没有进入原型

　　世界上不存在纯粹的"词语原型"，因为任何一个词语最终要么与大脑之中与某种原型意象相联系，并从属于这个原型，要么被抛弃到记忆之海的深处而被遗忘。在心理学中，一个原型在本质上是多个脑区的信息结构化到一起的结果，而"词语原型"的字面意思却是它只属于单一的语言脑区，这其实是带有名称的原型给我们造成的错觉。这个原理最早在老子的《道德经》中有所描述："道可道，非常道"。可见用语言表达的信息，绝不是原型所指事物的全部。在人的大脑中，绝大部分原型都有自己的词语信息，也有许多原型没有自己的词语信息，例如许多幼儿非常熟悉肯德、基麦当劳的标识和门店形象，他们已经有了品牌的意识，但是他们并不知道

"肯德基"和"麦当劳"这两个词语原型与所熟悉和喜爱的标识之间有什么直接的联系，肯德基和麦当劳在他们头脑中变成了没有名称、没有词语信息的原型。没有词语信息的原型仍然是原型，这种原型只是"不可道"的"道"而已。然而在实践中，我们却经常使用"词语原型"这个词，因为它提示了"许多原型的重点信息其实是词语"。

原型的词语信息是很重要的，任何公共原型的结构化信息中都会有一个词语，以便于我们认识和沟通。词语原型，是对原型最方便的浓缩，其最大的特点就是，任何词语本身都是公共原型。正是由于词语的这个特征，它们成为彼此之间的沟通工具，因为任何沟通都必须依赖公共原型。如果没有词语这样的原型，人们就无法交谈和有效沟通。每个人都是通过原型来认识世界的，我们说出的词语，其实是在向对方展现自己思维中的原型世界，是把我们对于世界的认识传达给对方。在交谈、演讲、写作时，人们以最小的代价把大量的原型传递给听者和读者，其实是把大量的原型词语信息传递给对方，并希望这些词语到达对方的"原型之海"中时，会复原成为比词语原型丰富得多的原型。如果听者或读者听不懂、不理解或曲解原意，那说明他接收到的众多词语，并没有在他的头脑中复原成讲述者所希望的原型。

词语有"把一堆原型抛向对方"的沟通效用，因此我们说它"代表了原型"也就是合理的。其实词语全都是"伪原型"，它在公共沟通领域维持它的原貌，来到私人的原型空间之后，才复原成每个人私有的"真原型"。词语"伪原型"是脑内"真原型"的形象，这表示，我们脑中绝大多数原型都有自己的形象，这些形象在我们的语言脑区里面形成了一个"原型形象系统"，就像一个数据库的索引一样。

由于词语原型的公共性，因此它是广告推销中最方便的工具。然而也正是由于它的方便性，反而最容易被推广者误用。如何以最低成本推广一个品牌？借用强大的词语原型就是成本最低的塑造品牌和营销品牌的方法。

正面原型和负面原型

文学作品中有"正面人物"和"反面人物","正面"和"反面"是人物真相的标签。人们头脑中的原型也有这样的标签,用这个标签来概括原型所代表的事物或算法是好的还是坏的。

例如,孔子在我国文化中一直是正面原型,他是儒家学派的创始人,是独立思考的象征,也是知识的象征。然而,"五四"时期出现过"打倒孔家店"运动,"文革"时期出现过"批林批孔"运动,一时之间,孔子成了一些人心目中的负面原型。

许多名人或伟人,都像孔子一样经历过正面原型与负面原型的转换。

品牌也有正面原型和负面原型。"三鹿"这个品牌原本是一个很有影响力的公共正面原型。然而,2008 年的奶粉"三聚氰胺"事件,致使三鹿这个正面原型瞬间变成了负面原型，并且还涉及伊利、蒙牛、光明、圣元及雅士利等检出三聚氰胺的品牌，进而还使"中国乳制品"变成了负面原型，多个国家禁止了中国乳制品进口。

算法原型也有好坏及正负之分，酗酒、坏习惯等都是负面原型，错误的观念和思想，也是负面的算法原型。

强大原型的认定，不但要计算它的以粉丝量为标准的认知广度，还要计算它的"认知正能量值"。认知正能量值等于一个原型作为正面原型的粉丝数量，负能量值就是该原型作为负面原型的关注人的数量。一个原型的粉丝指的是脑内拥有这个原型的人，无论原型是正面的还是负面的，它都在大众的头脑中占用了大量的编码。更重要的是，正面和负面原型能够在一个人的头脑里面瞬间转换，从而使我们可以利用其中的转换原理进行推广。根据心理学的分析，从负面原型转换而来的正面原型能够获得更好的认可度，这个原理在男女恋爱中得到了最好的应用。通常，有经验的男生在追求一个女孩时，先是极力地把自己塑造成对方心中坏男孩的负面原型，使女孩不胜其扰，烦恼不已。然而这里面有一个诡计，那就是女孩会花更多的时间"思念"她的负面原型，她会在头脑中反复虚构着怎么逃避、反击、驳斥或攻击对方的画面，而这一心理过程反而加快了男孩被女孩塑造成熟练原型的速度。直到某一天，男孩突然"变成了好人"，女孩忽然看到了男孩的"人物真相"，头脑中的负面原型瞬间变成了正面原型，结果她从此死心塌地爱上了他。这就是

"浪子回头金不换"的心理学基础。这种正负原型大转换的把戏，其实也是品牌推广最应该利用的原理之一。

虚拟原型

　　《功夫熊猫》中乌龟大师留有一部"神龙秘籍"，这是世间最高的武功秘籍，人们都相信它就写在翡翠宫屋顶龙头嘴里的那个卷轴里。相传，得到这个秘籍的人将武功盖世，获得移山倒海之力，能听到万籁之声，这是一部如《九阴真经》一样的东西。结果，最终熊猫打开卷轴一看："是空的！"里面什么都没写，这令大家无比失望。后来，熊猫听他老爸说，村里人都相信他家有一部"拉面秘籍"，其实并不存在，但心诚则灵！只要你相信它是独特的，它就是独特的。"神龙秘籍"和"拉面秘籍"都是人们心里的"虚拟原型"，原型所对应的外在事物并不存在，但是这种原型在人们头脑中的编码却是存在的。

　　许多人和物是我们虚拟或臆造出来的，并为它在头脑中编码了复杂的原型，例如玉皇大帝、王母娘娘，以及所有神话人物或小说中虚构出来的人物，这些人物其实并不真实存在，但我们照样可以在头脑中为其原型进行编码。意即原型无非就是编码而已，并不是真实的存在物。新锐历史学家尤瓦尔·赫拉利在其大作《未来简史》中说："今天，公司是个虚构的法律实体，它能够拥有财产、借贷、雇用员工、开设经济企业。如果苏美尔的诸神让我们想起现代公司的品牌，那么像法老这种'活神'就像是现代的个人品牌，如猫王、麦当娜或贾斯汀·比伯。和法老一样，猫王有着生物的躯体，也有着生物的需求、欲望和情绪。但猫王绝不只是一个生物体而已，他也像法老一样，是一个故事、一个神话和一个品牌，因此，品牌的价值要远高于生物体的价值。"

我们每一个人都有自己的品牌，这个品牌就是我们在他人头脑中的虚构人物原型，中国人时常称这样的个人虚构品牌原型为"面子"。人们很关心自己的"面子"，都希望别人给他"留面子"，也希望别人"看在他的面子上"做或不做某事，像一个公司关爱自己的品牌一样关爱自己的面子。几乎任何人的"面子"都是在他人心中虚拟出来的原型，它并不反映这个人的人物真相，而是隐藏真相的"人格面具"。从分析心理学的意义上来说，人格面具实际上也就是我们所说的"我"，我们所表现给别人看到的、虚拟的自己。大部分人都有好几个人格面具，即好几个虚拟原型，在不同情况下戴上不同的人格面具，以便让别人与这个面具所展现的"假我"进行链接。人格面具一词源于演员所戴的面具，用来表示他所扮演的角色。显然，所扮演的角色并非真正意义上的演员本人，人格面具下并非是真实的和本来的自己，而是"虚拟自己"。一个公司的品牌形象其实就是它的虚拟面具，是它在人们头脑中培育的一个虚拟原型，这个原型价值巨大，企业和个人倾向于掩藏其真相，他们都需要时时修饰与装扮自己的面具。后面章节谈到的原型管理，其实就是对品牌这一虚拟原型的修饰、维护和装扮。

我们可以这样说，但凡那些被刻意宣传的原型，无论是一个品牌，一个概念或是一个人物，其实都是虚拟原型。在人物方面，孙悟空就是一个典型的虚拟原型。

算法原型也是虚拟原型，因为它只有编码，没有外在的对应物。

自然原型和文化原型

自然原型就是自然之物在大众头脑中塑造的原型，包括各种植物原型、动物原型和一切先天原型等。自然的就是天然的，未经人类文化雕琢的，这种在大众头脑中塑造的原型都是自然原型。

任何一种自然之物，当人类将其深加工，并赋予其更多意义建立的原型就是文化原型。

文化原型的特点是聚焦了大量的人类精神财产。如苹果在我们头脑中原本是一个自然原型，苹果公司把它变成了一个品牌原型。

从自然原型到文化原型的过渡我们看到，自然原型能够以各种方式"变迁"成为文化原型。品牌其实都是文化原型，而许多品牌又都是从自然原型变迁而来的文化原型。

由于自然原型大都是范围广泛的公共原型，因此使用自然原型变迁成品牌这样的文化原型，是原型管理中的一种惯用的有效手法，像天猫、三只松鼠等，都用的是这样的方法。

第三章　强大原型发生作用的六大机制

从专业角度解释，驱动人们行动的真正决策，是潜意识中诸多原型相互博弈的结果。

机制一：唤醒沉睡原型

很多人都看过谍战电视剧《潜伏》，电视剧中，余则成的代号是"峨眉峰"。电视剧中的董先生对余则成说："你要注意收听一个波段的定时广播，材料里面都有，你的联系人代号是'登山家'，你的代号是'峨眉峰'。"

什么是潜伏？潜伏的意思是"你潜伏着不要活动，需要的时候，我们会通过广播或发报电台来唤醒你"。敌人也知道"峨眉峰"的情况，就像我们所有人都知道某品牌一样。电视剧里的陆桥山说："峨眉峰一直处于潜伏状态，最近开始露头，可能跟军调有关系。"当上级想让潜伏的间谍展开活动的时候，就要通过广播或者无线电台唤醒这个潜伏人员。

同样，任何一个品牌原型都像是潜伏在广大消费者头脑深处的一个间谍，一个品牌之所以强大，是因为这个品牌的原型已经像一个间谍一样潜伏到了大众的头脑之中了。如果要让这个品牌原型的"间谍"活跃起来，去激发消费者的购买行动，我们就必须先把它唤醒，它才能在关键的时候发挥作用，让消费者产生购买行为，这就是原型需要唤醒的原理所在。

为什么一些功成名就的知名品牌，还要不断地投放广告呢？因为他们要不断地唤醒在大众头脑中的品牌原型。

为什么"光棍节"之前好多天，一些大的网站就开始进行网络促销呢？因为商家要提前唤醒"光棍节"这个原型。为什么从端午节前好多天开始，粽子就摆上了各大商场的货架呢？还是因为商家要提前唤醒"端午节"原型。为什么离中秋节还有一段时间，月饼就开始定做了呢？为什么春节还没有到来，各种针对春节的促销就开始了呢？还是因为商家要提前唤醒节日消费的原型。

企业进行原型管理的目标之一，就是大面积地唤醒需要推广的原型品牌。因为对消费者来说，只有那些被唤醒了的原型，才能发挥激发算法、让消费者产生购买行为的作用。无论是品牌，还是日常生活中的各种原型，只要是没有被唤醒的原型，哪怕它曾经再强大，也无法让消费者行动。

为什么我们对于一些老牌香烟，如大前门、牡丹、金丝猴等，几乎没印象了？为什么我们青春的记忆慢慢褪色，对家乡和老同学慢慢淡忘了呢？为什么在人间总是上演"人走茶凉"的戏剧桥段呢？都是因为人们头脑中的原型会沉睡。如果你不经常加以"唤醒"的话，它们就会隐退到深层记忆里。正因为如此，各种广告才总是在竞争着人们的视听，哪个品牌能经常性地唤醒受众，就能获得品牌原型竞争优先权。

原型能够唤醒受众，进而左右他们的行为。无论一个人头脑中的原型是正面的还是负面的，只要是经常被唤醒的原型，他们都会关注。

作为企业家必须明白，品牌投入是一个"原型竞争"的战场，各种原型都在争夺人们的注意力，经常被唤醒的原型才更容易对消费者的行为施加影响；而商业推广的难点却在于，你要进行的是大面积的品牌原型唤醒，需要经常付诸实际行动。如果你不经常在大众头脑中唤醒自己的品牌原型，那么你的品牌原型的优先权就很可能会迅速降低，直到被湮，变得默默无闻。为什么在网购如此盛行的今天，厂家还是要在商场里摆满自己的商品呢？因为商场是唤醒人们头脑中品牌原型的最佳场所。

最后，让我们回到戏剧这个话题，为什么大家都喜欢王子吻醒被毒死的白雪公主的桥段呢？因为这样的情节有助于唤起人们内心的美好感受，这其实是在唤醒人们深藏已久的"爱"的算法原型。只要唤起了这份美好感受，整个电影就是成功的。同样，所有的品牌之战，也不要为唤醒而唤醒，而是要为唤起那份珍藏在消费者心中的美好感受不遗余力。只要你做得足够巧妙，足够用心，消费者就愿意为这份美好感受付出。

机制二：潜意识认定的事很难改变

前文我们提到了"断舍离"，其实绝大部分人无法成功实现断舍离，哪怕他们非常推崇断舍离这种生活方式，到处宣扬断舍离的理念。为什么呢？因为断舍离的"断"，就是让你不要购买、放弃不需要的东西，这等于让人们断除他们想要购买，想要得到的那个根深蒂固的强大算法原型；"舍"是处理掉家里没有用的东西，而家里的所有东西都是最熟悉的原型，这又是和头脑中的原型在作对；"离"是离弃对物质的迷恋，让自己处于宽敞舒适自由自在的空间里面，这听起来非常不错，但是对物质的迷恋本身就是我们非常强大的算法原型。固然，我们有一些看上去价值很小的原型，但它们通常也是我们最为熟悉的原型，甚至是精神财产。从这个角度上说，原型其实也是人类精神的财产。而"断舍离"的理念等于让我们舍弃精神财富，三种理念都是要和原型相对抗，所以它注定很难成功，人们往往还是会屈服于自己的原型，因为他们赖以认识世界并与世界沟通的，就是自己的原型。当"断舍离"在人们的头脑中，无法对抗那些培养了很多年的原型的时候，它一定会失败。

从专业角度解读，驱动人们行动的真正决策，是潜意识中诸多原型相互博弈的结果。想跟人的原型作对，很难取得成功。

健身是另一个最现实的例子。人们都想健身，健身的理念深入人心，大家都觉得自己应该抽出时间进行健身。但是，健身这个理念实际上要和一大堆固有原型进行斗争，它必须战胜构成一个人生活方式的所有原型之后，才能驱动这个人展开健身的行动。人们很难脱离自己固有的生活方式，换成新的生活方式。他们在计划健身之初，本来就没有想到要完全改变生活方式，因此大部分人不可能健身成功。所有开健身房的老板都特别了解这一点，他们知道80%的人没有办法靠自己的力量坚持健身，阻止这些人健身的是头脑中众多的生活方式原型。所以，健身房招收的会员量一般都远远超出了这个健身房能够容纳的会员量，但是健身房老板一点儿都不用担心场地不够用，因为那些会员大脑里的生活方式原型就是这个老板最强大的助手，这些原型会阻止那些会员来健身。

养生不也是这样吗？实际上养生就是养成良好的生活习惯。而说到生活习惯，说到底还是一堆原型，凡是涉及生活习惯的原型通常都是很强大的，因为所有习惯都是用很长时间养成的算法原型，很难改变。所以除了少数极具意志力的人之外，对大多数人来说，养生就是个空谈。

同样道理，最具购买力的消费者都是冲动型消费者，他们会按照原型的指令行事，而这些原型包括品牌、产品或服务的原型，预先就被商家植入消费者的头脑深处了。因此，企业家只要不断在消费者脑海中强化自己的品牌原型，消费者就会非理性地花费原本不必要的代价，来购买具有品牌原型的产品。事实证明，消费者一定会追求品牌，他们每一次购物都愿意花大价钱来购买"品牌"。比如，一个人来到星巴克，买了一杯咖啡，实际咖啡的成本远远低于售价，消费者大部分钱其实花在了"星巴克"这个品牌上。

很明显，品牌的价值就在于它作为一个强大原型，其认知系数是不是足够大。一个品牌的认知系数越大，人们就愿意花更多的钱购买这个"品牌"。所以成功的企业家也舍得大量投入来培育品牌。

意大利著名奢侈品品牌古驰，旗下有一款香水叫"花之舞淡"，也称"花舞飞扬女士香水"，30毫升一瓶的香水售价高达660元，但事实上它的成本才不到100元。不过女士们还是愿意买这个品牌的香水，她们不会花100元钱去购买其他品牌同香型的香水，她们宁愿多花550元买"古驰"这个品牌。

品牌是以原型的方式，潜伏在人们潜意识之中的。这些品牌原型平时可能在沉睡，但它们一旦被唤醒、被激发，就会像病毒一样，与人们仅存的脆弱的理性进行激烈对抗，左右人们的决策和行动。

那些深刻理解潜意识重要作用的企业家们，会按部就班地在大众的头脑深处培育自己品牌的原型，因为他们笃定这些原型会在适当的时候为他们争取来大量的客户，同时带来源源不断的财富。

如果一个品牌变成了大众认知中的强大原型，人们一定愿意为这些原型付出。老子说过："胜人者有力，自胜者强。"所谓自胜，就是战胜自己的原型，但全球几十亿人，能做到的很少。

大众的观念和习惯难以改变，无论是年轻人还是老年人，都不愿意舍弃那些最熟悉的技能或习惯，因为维持现在的舒适区可以给人带来安全感。举例来说，初学游泳的人，他完全知道所有的动作要领，但下水后，主导他动作、控制局面的，还是他的潜意识，这是算法原型。

意识也好，潜意识也好，本质上都是相互竞争的脑区而已。原型也是这样，本质上无形象，它只是一系列编码。只要你能让顾客意识到他值得拥有，或者说只要你唤起他那种"值得或必须拥有"的理念原型，他就会买单，不管你是让他潜移默化地感知，还是直白地告诉他：你值得拥有！

机制三：认知超前

所谓的认知超前，就是在你见到一件东西之前就已经认识它了。你已经预先在头脑里建立了它的原型了，你对这个从未谋面的东西的认知，先于你看到这个东西。

我国古人在见面时常说"久仰，久仰"，这话的意思就是"我对你是认知超前的，你在我头脑中早就有原型了，我不必对你进行重新认知了，我要做的就是抓紧时间在现实世界里仰慕你，或者抓紧机会请教"。

让我们回到品牌这个主题。我们第一次见到"程多多"这个品牌的时候，有没有对这个品牌的认知超前呢？应该没有。但是当我们看到它的广告语"商旅省得多，先上程多多"的时候，因为我们对"商旅"和"省"这个概念都是认知超前的，这时程多多这个品牌就寄生在我们对其已经形成认知超前的"商旅"和"省"这两个虚拟原型上面了，此时如果我们见到程多多品牌后就形成了认知超前。

一次我去一个朋友家，正聊着天，来了一位陌生的客人，但他一进门就叫出了我的名字。怎么回事？他说，我看过国航杂志上您的广告，内容真好！这就是认知超前。

认知超前的关键点是认知，所谓认知就是正在进行着的认识过程。在平时，各种品牌原型都潜伏在我们的记忆深处，当我们来到商场的时候，许多熟悉的品牌原型就被唤醒了，包括可口可乐、旺旺、茅台等，我们对这些品牌都有超前的认知，不必在商场里对这些品牌大费脑力地进行重新认知。我们会对那些认知超前的品牌"先入为主""认人唯亲"，这就是为什么在绝大多数情况下，人们愿意相信那些他们熟悉的东西。

先入为主是人之常情，大部分人的行事都是按照这样的原则进行的，他们在选择商品时也会先入为主，为什么会这样呢？因为人们总是倾向于相信那些已经有了认知的事物。我们选择的就是那些在头脑里面已经建立了原型的事物，因为已经对它有所了解，建立了它的原型。对于熟悉的事物，见到它的时候就会感到亲切，并且更容易接受它。为什么企业要花那么大的力气在受众头脑中打造品牌原型呢？就是为了获得这种认知超前的效果。存在于消费者头脑里的原型，平时看似无形而无害，但是一到关键时刻它就会被唤醒，跳出来去推动消费者的购买行为，主要原因就是认知超前的心理机制在发挥作用。

有一句话我非常认同，那就是"我们的未来在科学家的实验室里"。科学家影响着时代进步，从来都不是一句空话。现在，除了科学家，决定时代进步与认知进步的还包括企业家。很多企业，比如微软、阿里、华为等，汇聚了除政府之外最强的科学家团队。未来会怎样，其实是他们说了算，因为他们正在打造全人类对未来的认知。

机制四：正面原型与负面原型的相互转化

　　正面原型和负面原型的相互转化，看起来很复杂，实际上只要一个好故事就够了。

　　20 世纪 50 年代，美国有一个臭名昭著的匪徒"飞天狂魔"詹姆斯，专门抢劫飞机和火车上的货物，他很有逃跑的天分，以至于整个科罗拉多州的警察都拿他束手无策。然而，在最后一次警匪追逐中，眼看又要让他跑掉的警察们却意外抓住了他。这是为什么呢？原来当时詹姆斯主动停下了自己的跑车，为的是避让前面的一队刚刚放学正在过马路的小学生！追上来的上百名警察看到这一幕简直惊呆了，他们故意不下车去抓詹姆斯，而是像詹姆斯一样等着这队小学生过去，并且等到詹姆斯再次启动跑车开始逃跑之后，才去追他，不过詹姆斯的车这次却卡壳了，终于被抓。而在法庭上，这个臭名昭著的劫匪却因为这一情节感动了陪审团，陪审团一致要求为他减刑。从中我们看到，一个负面原型要想变成正面原型，一个打动人心的事迹是非常关键的。

企业和个人都可以利用正面原型与负面原型可以相互转化这一原理，来进行原型推广和原型救护。

但是，如果企业不能正确解决问题，采取不正确的公关危机方案，也会导致正面原型向负面原型转化。比如鸿茅药酒，CCTV《新闻联播》之后的《天气预报》中曾经有个熟悉的身影，就是鸿茅药业。诸如"每天两口，健康长寿""酒到药到，疗效更周到""药酒治病选鸿茅"等广告词曾被鸿茅药酒频繁使用，不断唤起大众的品牌原型，不断施加算法。

然而鸿茅药业的"跨省追捕"事件，却把原本的正面原型一下变成了广大人民群众头脑中的负面原型。

机制五：原型的退化

　　100多年前，俄国出了一位伟大的小提琴家雅沙·海菲茨，人称"上帝的小提琴手"，意思是上帝派来的具有超凡技巧的小提琴手。

　　有一个广为流传的小故事。萧伯纳非常崇拜海菲茨。在一次演出结束后，这位著名剧作家向海菲茨递上一封信，警告他道："如果你以这样超越凡人的完美表现，成功惹起天神嫉妒的话，小心你会活不长。我真诚地劝你，每天晚上上床之前不要再祷告了，把琴拉得难听一点吧，凡人是不应该自作主张，把琴拉得那样毫无瑕疵的！"

　　但就是海菲茨这样一位天才，到了50多岁的时候还依然每天练琴不辍，从不间断。当人们惊讶于这一点的时候，他笑道："我同意李斯特说的：一天不练习，只有我自己知道；两天不练习，我老婆就知道了；三天不练习的话，全世界就都知道了。"

李斯特是出生于匈牙利的著名作曲家、钢琴家和指挥家。海菲茨引用他上面这句话，其实是道出了原型退化的根本原理。我们知道演奏钢琴的技能是典型的算法原型，原型的退化表明了不经常练习的算法原型会退化，其实际操作功效会减退。

俗话说："曲不离口，拳不离手。"每天都唱的歌你会很自然地哼唱起来，对歌曲中的转折起伏非常熟练。不常唱的歌，因为太久没有练习，原型没有获得不断的唤醒和刷新，所以它们肯定退化得很厉害，这就是"曲不能离口"的原因。"拳不离手"更不用说了，凡是进行过体育锻炼的人都有这样的经验，每天练习的话，会形成新鲜的肌肉记忆，变成下意识的本能，本能也是算法。但如果不练习呢？肌肉和技艺都会退化。所以，老话说的"夏练三伏，冬练三九"，不仅仅是强调吃苦，主要是为了确保原型不会因为缺乏练习而退化。

算法原型容易退化，对象原型也不例外。

逢年过节为什么要走亲戚？周六日为什么要跟朋友小聚？因为亲朋好友其实都是你头脑中某些原型的本源，你和他们之间互为对方的原型。必须保持不断的来往，才能不断刷新彼此头脑中为对方塑造的原型，朋友才能处得久，处得深。毕业几年之后的同学聚会，已经有人喊不出别人的名字了；毕业十几年或几十年后的聚会，大部分人对彼此的记忆就更加模糊了。亲戚朋友来往得少了，交情就会淡化，这是因为彼此在对方头脑中的原型每天都在退化之中。一个朋友，你连他的名字都忘了，还能称之为朋友吗？别说是朋友，就算是亲人，不经常走动来往，也会"远亲不如近邻"，彼此在对方头脑中塑造的牢固原型也会退化，甚至还不如邻居让人觉得亲切，因为邻居的原型是每天都刷新的！

同样，公共的强大原型和品牌原型也需要定期刷新才不会退化。如前所述，人类的任何节日本身都是一种原型，"节日"这一抽象原型本身附带了太多快乐和美好的属性，因此像春节这样的节日都是强大原型，它们强大的原因就是定期刷新。聪明的商家都善于利用节日推销自己的品牌，把品牌寄生在这些节日强大原型身上，情人节搞活动，端午节做地推，中秋节玩游戏，圣诞节送礼品等，重阳节、母亲节、儿童节，一个都不能少。就算完全扯不上关系，也要适时推出文案和促销活动，任何节日都是刷新品牌原型和进行促销的好机会，就算不能推销产品，至少也要维护品牌原型不退化。

品牌原型都会退化，强大原型也不例外，最明显的例子就是那些娱乐明星，他们就是品牌，所以会想方设法不让自己的原型退化，诸如谁和谁恋爱了等新闻也是其维护原型的方法和手段。每一个强大原型后面，都有一个团队进行着原型的管理，包括维护原型，防止其退化。他们是在用专业的原型管理手段不断刷新粉丝头脑中自己的原型，确保强大原型不退化。

所以我们说，正是由于原型会退化，明星以及明星代言的品牌会不断地刷新品牌原型，通过各种办法，不仅不让它退化，还让它成长、强化，成为越来越强大的原型。比如可口可乐，我们会看到很多小店、商超门口都有它的海报，为了让店主贴上这张海报，每个月可口可乐公司或者它的代理商都会免费给店主若干箱可乐，再支持一定量的现金，为的就是让消费者在进店时，被潜移默化地刷新脑海中的原型，这就是人们所说的"暗示"。

回到我们的主题上，我们说，品牌管理其实就是原型管理。为了确保原型不退化，并且持续保持巅峰状态，不管品牌多大，名气多大，该做的广告还是要做，该花的宣传费一分都不能少。因为对于企业来说，钱不是问题，品牌才是问题。只要品牌足够知名，原型足够强大，花多少钱，都能数倍、数十倍赚回来。可一旦它们的品牌出了问题，原型开始退化，那么市场上有多少钱，都与它们无关了。

中国其实一直以来都不缺乏知名品牌，但今天能为人所熟知的老品牌已经不多了。细品起来，一方面是品牌意识不强，不懂得原型不维护必然会退化；另一方面，很多品牌在如日中天时被外资收购了，收购后即弃之不用，比如小护士化妆品等，收购完就让你一天天退化掉，属于原型绞杀。

《周易》中的一个概念，叫"得意忘象"。象，即形象和表象，指人掌握了实质而不再依赖表层现象。品牌经营也是这样，仅仅让人记住品牌名称的，还只是浅层次的品牌管理，能让人记住原型，特别是深度原型的才是好品牌。这样的品牌往往通过各种刷新方式，甚至把原型植入到了小孩的大脑之中。

举个例子，因为肯德基"白胡子老爷爷"的原型实在是太强大了，话还说不利落的孩子每次见到也喊着"我要吃白胡子老爷爷！"，"白胡子老爷爷"这个强大原型，已经把可乐、汉堡和薯条等都变成了孩子的强大原型了。很多小孩连"肯德基"三个字都叫不清，但他会叫"白胡子老爷爷"，这个原型已经深深地打动了他们。

美国人把这个"白胡子老爷爷"经营得实在是太好了，做到了使人"得意忘象"的水准。有位畅销书作家对此研究得更透彻，他说像这类食品在中国大受欢迎，甚至一度还是身份的象征，主要在于它们处处体现出自己品牌原型的一致性。整体品牌形象一样，每家店的白胡子老爷爷一样，消费环境体现出的风格一样，这使得任何一个消费者在看到店面和进入店面后，都能感受到那种来源于熟悉原型的亲切感，人们无论是在自己的家乡还是出门在外，只要看到肯德基的强大原型和熟悉形象，头脑中照样刷新着同样亲切而强大的原型系统。

机制六：原型迁移

　　原型迁移，简单来说就是把一个众所周知的强大原型加以改造，使之成为品牌的私有财产。通常来说，它比我们自己重新打造一个原型省时省力，更加高效。

　　人头马就是一个简单、直接、有效的案例。时至今日，很多国人都听说过这个著名的酒类品牌了，主要是其借势了"人头马"这个强大原型。

　　所谓人头马，其实就是"人头马身"的缩写。人头马身是指希腊神话中的喀戎，他出生于半人马部落，也就是说整个部落都是人头马，而他是最优秀的，不仅拥有不死之身，而且琴棋书画、刀枪剑戟无一不精，堪称史上最强人头马。所以在后世的艺术作品中，喀戎总是以完美老师的形象出现在西方人的视野中，他的学生包括打赢特洛伊之战的阿卡琉斯、拥有最强战斗力的赫拉克勒斯等。这是一个西方世界的强大原型。人头马公司对它进行改造，最后当作自己的品牌原型。人头马公司之所以那样做，目的无非是让消费者在心目中迅速把这款白兰地与完美画上等号，进而让消费者行动。借助强大原型，人头马也成为全球知名品牌，这既是高明的迁移，也绝对是有效的迁移。

那么，人头马又是如何成功地打入中国市场，并迅速迁移至中国消费者头脑中的呢？很简单，人头马公司只用十个字就搞定了，也就是"人头马一开，好运自然来"。即便到了今天，真正认同西方酒精制品的国人也不太多，因为中国本土也有很多强大原型，要喝酒，大可以喝茅台、五粮液、杏花村等。这些品牌不仅都是强大原型，它们身上还附着了更强大的原型，比如杏花村的原型就出自杜牧的名句"牧童遥指杏花村"，这可比一个远方神话来得更有内涵。但是因为"人头马一开，好运自然来"词语太强大了，谁又能拒绝好运呢？好运，不仅是中国人头脑中的终极原型，也是全球人的终极原型，只不过中国的消费者对其更偏爱，尤其是那些想借开一瓶人头马 XO 彰显身份的消费者们。人头马原本的原型被彻底改造了，迁移了。

说到人头马，又不得不提赵本山与范伟那个经典的小品。小品中赵本山扮演的人物听说过人头马，然后他又巧妙地打岔到了"人头马面"也就是中国传统文化中的"牛头马面"，看上去是轻松抖个包袱，实则是在西方文化原型与东方文化原型间轻松挪移，用东西方的强大原型吸引观众，在不知不觉中，做到了原型管理的最高境界，以强大原型推广原型。

所以我们看到，那些能取得成功的品牌，在命名时就自觉或不自觉地用到了原型迁移的妙招。比如马云，创业初期就有全球布局的构想，未来的公司想要走向世界，能不能用一个世界人民都知道的强大原型进行迁移呢？他上来就想到了"阿里巴巴"，这是一个世界级的强大原型，原始的原型是《阿里巴巴和四十大盗》的故事，还有歌曲《阿里巴巴》：

这里有个神奇的故事

一个人　一个人

一个人的命运会改变

阿里　阿里巴巴

阿里巴巴是个快乐的青年

阿里　阿里巴巴

阿里巴巴是个快乐的青年

芝麻开门　芝麻开门

竟然有人想要把它迁移成自己公司的名字，让世界人民再听到"阿里巴巴"时想到的不是一个快乐的青年，而是一个做贸易的有为青年。马云想把它注册为域名，但是不巧被一个美国人先行注册了。这说明什么呢？说明这个域名有价值，因为阿里巴巴不仅是中国人熟知的"快乐的青年"，也是全世界人民熟知的智慧与善良兼具的强大原型，而且四个字中三个字都有元音"A（阿）"，两个字重音，易拼、易写、易记、易传。如此强大原型，只需简单粗暴地迁移过来，就能点石成金。对方显然也知道这一点，所以开价1万美金。在当时，这接近8万人民币，而马云所有的创业经费不过50万元。犹豫之余，他转而注册了与"alibaba.com"相近的"alibaba-online.com"。也许是运气使然，对"alibaba.com"念念不忘的马云专门咨询了雅虎高管吴炯，对方说："一万美金？太便宜了！你要走国际化的，就赶紧买下来，免得对方抬价！"就这样，马云拿到了域名，相当于掌握了那个打开财富大门的咒语：芝麻开门！是不是马云没这个域名就一定不会成功呢？也未必。但万事有其规律，品牌有其法则，原型管理最推崇的方法之一就是原型迁移，因为从强大原型迁移而来的品牌原型推广起来能事半功倍，否则，只会事倍功半。

原型迁移就是借用之后再改造。当年，中国从美国引进了一本外版图书，相信很多人都听说过它的名字——《谁动了我的奶酪》，火了。精明的中国书商们马上开始复制，有的人直接就克隆了一本《谁动了我的奶酪（中国版）》，只加了三个字，也赚得盆满钵满。别的人见了，又纷纷推出了少年版、女性版，虽然手法一点儿也不高明，但都是稳赚不赔。为什么？因为普通消费者永远是跟风的，当"谁动了我的奶酪"这几个字成为强大原型之后，你怎么迁移怎么好，抓紧时机就行。

　　总的来说，原型迁移是一个非常高效的商业策略，本质是商家借人类的强大原型为己用，给品牌带来原力，让品牌在市场中所向披靡。

　　拿苹果公司为例，乔布斯显然是极高明的。世界上很多人对一些特定食物是有禁忌的，但是对于苹果都没有禁忌，这是一个世界级的强大原型。尽管《圣经》里说导致夏娃偷食的果子其实就是苹果，但人们还是一如既往地喜欢它。乔布斯很清楚，必须打造一个不一样的苹果，不然它就有可能被轻易复制，于是才有了那个被咬了一口的苹果，而这被咬的一口也是神来之笔，因为它是更加强大的原型。那个像口形牙印一样的缺口，是所有人感到熟悉而亲切的原型，它是世界级的强大原型。苹果公司不但借势了苹果原型，还借用了更加强大的"咬了一口"原型，巧妙地把苹果这个强大原型改造了，迁移了，变成了自己的私有财产。品牌化的设计强化了这个原本强大的原型，让人感觉更加亲切，过目难忘。

　　同样的例子还有很多，例如近年来在手机上相当火爆的"喜马拉雅"APP，这个名字令人过目不忘，过耳不忘。秘诀在哪里？它只是迁移了一个世界级的强大原型而已。从此之后，人们听到这个名字时对于群山的豪情就要让位给音频共享平台了。

　　除了迁移那些颇具神圣感的强大原型之外，那些更加亲切而可爱的原型力量也非常巨大。例如，坚果品类的"三只松鼠"就非常好，迁移了小动物的强大原型，并且赋予了其丰富的内涵。"三只松鼠"的原型迁移创意是很巧妙的，松鼠这个原型对于坚果品类来说，是非常强大的原型，因为松鼠是吃坚果的，高度贴合品类。该品牌还分别给每只松鼠起了名字，定了脾性，一下子就让这个品牌活了起来，"三只松鼠"也借机跑进了消费者的头脑里。"三只松鼠"这四个字并不高大上，对不对？没关系，只要它的原型够强大，只要迁移足够巧妙，就能获取消费者的认同，实现低成本的持续获客，让品牌迅速成为品类领军者。

第四章　强大原型和认知系数

一个强大原型，不但有加强其认知深度的能量，还有扩大其认知广度的效果。也就是说，人们口口相传，会让一个强大原型更加强大。塑造品牌和营销品牌必然要选择强大原型，因为强大原型有自我传播的特性。作为企业经营者，我们必须深知这一点，并切实地把握好它。

认知系数测量原型的强大程度

　　所谓"强大原型"，就是认知系数非常高的原型。认知系数是一系列测量原型强大程度的量化指标，包括认知广度、认知深度、认知强度、认知新鲜度和认知正负能量等。对于个体，认知系数能够测量一个人对一个原型的认知程度。

认知广度

什么叫认知广度呢？就是一个原型被分享的人数。

任何一个公共原型，都有一个测试参数来测试它的"公共性"，这个测试参数称为"认知广度"，它统计多少人头脑中有这个原型。

通俗地说，一个原型的认知广度，可以理解成这个原型的"粉丝数量"。"太阳"这一原型的认知广度接近世界的人口数量，"月亮""星星"和"水"的认知广度也非常巨大，这几个原型都有巨大的"粉丝量"。当一个原型的粉丝达到一个数量级时，就是公共原型了。当我们说一个产品是"爆品"时，其中的一个意思就是这个产品或服务的认知广度在短时间内爆增，并且达到了一定的量级。

举例来说，我们都知道可口可乐品牌是一个非常强大的原型，如果在全世界有 30 多亿人知道它，那么这个品牌就在 30 多亿人的头脑里建立了原型，它的认知广度就是 30 多亿。人们总说可口可乐的品牌价值是多少，实际上很大程度上是在说它的认知广度有多大。

很多大 V 为什么可以仅凭借自媒体平台，就能把生意做得风生水起？因为他的认知广度高，哪怕只发个句号，也会有人点赞。他只要一声号令，他代理、代言的产品就有人买账，形成热销。

强大原型的标准是认知系数很高，认知广度很大。有大量的人知道和关注的原型才有商业价值，人数越多则商业价值越大。比如熊猫是我们的国宝，也是世界人民的强大原型，人们对它认知广度很大，但是反过来想想，就算熊猫依然很珍贵，可全世界只有很少人知道有这种动物存在，熊猫就不能算是强大原型。

被誉为"2017 第一网红"的美女李子柒是强大的个人品牌，如今在世界范围内的认知广度超过 3 亿。截止到 2018 年 1 月，全网粉丝数量近 2000 万，累计播放量近 30 亿次，是世界著名视频网站 Youtube 上第一华人网红，在上面拥有超过 752 万粉丝。李子柒的视频产品曾被共青团中央官方微博等众多主流媒体转发，2019 年还得到马来西亚王室的接见。2019 年 12 月 14 日，李子柒荣登"2019 年度影响力人物"榜单，获"年度文化传播人物"称号。李子柒 1990 年出生于四川省绵阳市，2016 年初开始拍摄手作视频，前期视频从编导、摄像、出演、剪辑都由她自己亲自完成。李子柒善于运用强大原型进行推广，其作品题材大多来源于中国人古朴传统的生活文化的强大原型。例如，以中华民族引以为傲的美食文化为主线，围绕衣食住行四个方面展开，视频主要根据我国民族传统文化中的时令节气、传统节日、民风民俗等确定选题。选择简单记录工艺流程或依附一定的人物故事主线两种方式演绎。《兰州牛肉面》中记录的兰州牛肉面，被誉为"中国面文化的活化石"，工序繁杂考究，对于操作年限和技术要求极高。李子柒查阅资料、走访调研，花费近两个月向老师傅求教，终于以"二细"的标准完成了视频的独立录制，历时三个月之久。《秋千沙发床》成片近五分钟，前后累计拍摄素材2000余条。在拍摄过程中，李子柒还要从事劈木材、钉桩等粗重劳动，左手无名指曾被几十斤重的木桩砸伤。由于兼顾摄像职责，为了减少相机损耗，她不顾伤痛继续操作。

共青团中央官方微博评论称：致敬每一名为梦想拼搏的年轻人，致敬每一名兢兢业业不负时光的少年。祖国因你的勤奋而自豪，奔跑吧，骄傲的少年。新浪娱乐的评论称：李子柒凭借品质过硬的视频作品、返璞归真的情感共鸣、特立独行的人格魅力、正能量的自媒体之光，不断扩大影响力。凤凰资讯评论道：这些美食均还原古法工序，应用古朴炊具，散发着淡淡的田园气息，独特的视角配以悠扬婉转的古调，凸显对田园生活的追求，让人过目难忘。环球网评论说：不仅是奔波劳碌的寻常人理想生活的代表，更是中华传统文化当之无愧的传承者。《中国日报》评论道：仿若一幅自如闲适的山水画，激发着人们返璞归真的情感共鸣，带有明显的李子柒的个性形象，是她不忘初心、追求美好的真实写照。《南方日报》评论道：李子柒海外走红的启示，浓浓的中国风，田园牧歌式的生活，让李子柒在海外圈粉无数，激起了许多国家的人们对中华传统文化的兴趣和热爱。中国文化烙印着民族和时代的特点，既有传承也有发展，生生不息，延绵至今，同此，品牌想要长久生存，就一定要建立在文化原型的基础上。

一个强大原型，不但有加强其认知深度的能力，还有扩大其认知广度的功能，强大原型能让人们口口相传，由此强大原型会更加强大。所有的企业家个人品牌，如马云、马化腾、李彦宏、雷军、董明珠、柳传志等也都是这样，因为强大原型有自我传播的特性。作为企业经营者，我们必须深知这一点，并切实地把握好它。

认知深度

你听过《逻辑思维》创始人罗振宇每天早晨的 60 秒的语音吗？
罗振宇深知，推广品牌原型、加强品牌认知深度的重要性。你只要
每天听他的 60 秒语音，对逻辑思维以及罗振宇这两个品牌的认知深
度就会日益加深。

罗振宇清晨 60 秒语音这个故事讲的就是认知深度。什么是认知
深度？它的定义是：一个原型中所积累的经验计数（含想象经验）。
一个原型，它每增加一个记忆，认知深度就增加一位数，比如说，
听过或看过罗振宇的 50 次节目，罗振宇的原型在头脑里面的认知深
度就是 50。他的清晨 60 秒节目，就是要加强人们对他和他的品牌
的认知深度，这是一种天才的设计。原型的认知深度中的认知系数，
正是从"原型是记忆的积累"这个原理而来的。婴儿和自己的母亲

天天见面，每见一次面，认知深度就增加一分，一天见 50 次面，认知深度就增加 50 分。品牌广告的关键不在于大面积地做，而在于天天做，每天都增加人们的认知深度，就像罗振宇那样。有的人光知道增加认知广度，舍得烧钱，到央视春节联欢晚会做广告，只是在很短周期内展示，效果当然有，广度当然也够，但是深度有没有？其实是没有的，大家都忙着看节目，偶尔看下广告，而且只是那么一两次，完全没有认知深度。除非你经常做广告，除非你天天做广告，认知深度才会增加。

前面已经说过，如果用比较科学的语言来描述认知深度，那么它指的就是一个原型中所积累的经验计数（含想象经验）。也就是说，一个原型，它每增加一次记忆，认知深度就增加一次。举例来说，某个消费者经常抽中华烟，"中华"这个品牌的香烟，他吸烟的时候是一次记忆，看到它的烟盒的时候是一次记忆，这个品牌原型在他周围不断地出现，以各种方式总共出现了 500 次，那么他对中华烟原型的认知深度就是 500。

认知深度，即一个原型所积累的经验计数。这话很抽象，但稍做解释大家就能明白：你今天看到可口可乐就是一次经验计数，明天又看到一罐可口可乐又是一次经验计数，后天在微信上看到画着一罐可口可乐的图片，这是第三次经验计数，大后天在广告上看到某个明星举着一罐可口可乐畅饮着，这是第四次经验计数。显然，可口可乐这样流行的商品，它的经验计数绝不止 4 次，爱喝可乐的人对它的认知深度之和是一个非常巨大的数字,这就是一个强大原型的认知深度。这个数字有多大,无从考察,几十亿?上百亿?恐怕还不足以形容这个数字的庞大。全世界成千上万的人都钟爱一些特定的品牌,这些品牌原型的认知深度都极大,这种认知深度也形成了品牌的护城河,即在消费者头脑中成为首选的品牌。

认知深度不仅是在一个原型中所积累的直接面对本源的经验计数,还包括想象经验计数,也就是说,只要有人在头脑里想象一下这个原型,他就会增加一个对这个原型的记忆计数,他的认知深度就会增加一次。同理,品牌要长期在媒体上投放广告,也是为了增加其原型的认知深度。"日有所思,夜有所梦",这个道理也适合认知深度,就连梦见一次也会增加认知深度。

所以你会看到,现在几乎所有的品牌都在做体验营销,因为体验最直接,也能从最深层影响消费者,让大众自动、自发地免费为品牌宣传。比如说海底捞,大众对它认知深度可以说极深。很多人虽然没有去过,不曾亲自品尝,但是耳朵里都快听出茧子来了,因为亲朋好友都在讲,线上线下的好口碑到处在传播,他不去海底捞,并不影响他对海底捞这个品牌认知深度的增加。随着认知深度的加大,他去海底捞消费只是时间早晚的问题了。

大众被认知主导,更被认知深度左右。认知深度极其重要,如果不够,我们很难全面了解一件事或一个人,必须依靠增加认知深度来增加原型的认知系数。对于人的认知,很多网友们说"始于颜值，终于人品"，说的也是这个道理。同理，企业的产品、服务、品牌，说到底不也是要增加大众的好感吗？而这，又必须从增加认知深度着手。

人们经常说，某某是我的宗教，比如"音乐是我的宗教，写作是我的宗教，诗歌是我的宗教"等，这无非是在说，我对这件事情很了解，认知很有深度，不像一般人那么泛泛而谈，浅尝辄止。因此，认知深度决定我们对原型的认识，就像日久见人心一样。很多大公司把自己的产品推送到顾客面前，并且借助广告与消费者经常接触，到处都是品牌的身影，让消费者不想接触也要接触。这样，品牌才能在消费者需要它的时候，第一时间被想到，尽管此时产品未必在消费者的视野范围之内，而在头脑中就实现了预售。

比如雪花啤酒，它现在已经成功进入了绝大多数餐厅，高中低档都有。在餐厅里你只要问有什么啤酒，服务员一般都会把"雪花"列出来。服务人员之所以这么说，主要是因为雪花的品牌认知深度。能达到这个效果，其实雪花品牌确实做了很多功夫，投放了很多广告，比如众所周知的"勇闯天涯"汽车拉力赛等，这里就不一一列举了。

再比如音乐，有些歌曲你并不喜欢，但是架不住这些音乐反复在耳边响起，不断地加深它在你头脑中的认知深度，到最后会发现，你根本不喜欢的一首歌，但是音乐响起来的时候，也会忍不住跟着哼唱。商业广告，要的就是这样的效果，所以有的强大原型都有一种自我加强认知深度的倾向，先让你尝试，进而通过产品不断加强认知深度，让你成为品牌最忠实的消费者。比如说你尝试喝一种啤酒，几次后养成习惯，那么你会每次都买这种啤酒来喝。每一次喝这种啤酒反过来又是在加深对这啤酒的认知深度，如此循环，品牌的原型在你的头脑中会变得无比强大。

认知强度

强大原型，强度基础性的指标。

认知强度，就是每当一个记忆在加强一个原型的认识深度时，其所附带的感情支持量。比如说大衣哥，他在一个短视频里说："很多人都不理解，我发财了，有钱了，为什么不去城里买个小洋楼，舒舒服服地住着？因为我很小就没了父亲，这个家的一砖一瓦，基本上都是我建起来的，我对它有感情。"不管大衣哥对他的家园有多深的感情，至少当他这么讲的时候，我们对他产生了感情认同。所以，大衣哥也成了一个品牌，一个附带着很大感情支持量的强大原型。

我们知道，这个世界上原型数量很多，但只有其中一小部分能够引发我们的情感，这就涉及一个非常重要的问题：原型如果不能引发情感认同，那么它就不是一个真正意义上的强大原型。能够调动情感的强大原型，几乎所有人都会为之痴迷，为之疯狂。天下之大，有定力的人有多少？没定力的人，都是品牌的潜在消费者，就看你能否让自己的品牌借势于强大原型，为其注入持续的能量。

从专业角度解读，认知强度就是每当一个外界刺激在加强一个原型的认知深度时，其所附带的感情支持量，累加起来就是一个原型的认知强度。说得再直白点，一个原型越能引起你深度的情感，它的认知强度就越强。换言之，强，专指感情浓烈，情绪强烈，能让人愉悦。

与我们情感最深的人是谁呢？母亲。母亲不仅仅是生养了我们，也教育和培养了我们，给予了我们身体与情感。每次与她见面，不只是看到她而已，不只是增加了一次认知深度，我们跟她还有情感的交流。父母与孩子的交流每次都会增加认知深度，让人体会到世界之美，生命的奇妙，那些看似简单的情感交流，实际上都是情感算法的运行，它触发了爱的情感，让这份情感更加深厚。

因此，认知强度可以用来衡量一个强大原型是否真的强大。比如一件衣服旧了，但舍不得扔，因为这件衣服曾经跟他走过岁月的风风雨雨，他曾经穿着它扮演过很多角色。如果这件衣服恰好是件名牌，这个品牌无疑是有幸的，因为这个人只要有机会，就一定会讲关于它的故事，就一定会在不知不觉中帮品牌做传播。再比如手机，很多人批评现代人玩手机上瘾，伤神伤眼还伤手，甚至玩出了腱鞘炎。但是持批评态度的人也应该知道，手机帮我们做了很多事，出行、购物，还有人靠它工作与养家，不可或缺。跟朋友在一起的时候，手机能记录下你们的快乐时光；思念朋友的时候它又能通过视频让对方马上出现在你面前；手机上甚至还能发起水滴筹，救人性命，怎不令人依赖？我们对手机原型的认知强度是如此之强。

国际顶级品牌豪车劳斯莱斯的前进气格栅的设计原型，是雅典神庙中的帕特农神庙正面，这是一个沉淀了人类悠久历史的情感原型，其认知强度极为强大。当人们望着这个神庙般的格栅陷入沉思时，恍惚之间好像与远古的故事联结在一起，沉重而怅惘。然后一抬头，又看到了车前身上面的奥斯卡小金人，价值是 20 多万元，重要的是，这个小金人所附带的情感是深厚的，她的名字叫"欢乐女神"。背后有一个凄美的爱情故事：作为有妇之夫的劳斯莱斯成长于贵族家庭，却爱上了比自己小 14 岁的秘书，思念之情无以宣泄，就将爱人的形象打造成雕塑立在了车前，女神的食指压在嘴唇上，昭示着无法言说的秘密，因此她的另一个昵称是"私语"。作为劳斯莱斯品牌标志性设计，人们对神话和爱情故事都是神往的，那里有文化还有秘密，因为认知强度极强的强大原型直接嫁接到品牌身上，提升了劳斯莱斯品牌的文化势能。总的来说，打造原型的认知强度，就是想办法让原型附带上深厚的感情，只有这样，消费者才能对品牌建立起情感认同，品牌的认知强度也才越强。

这一点已经被很多品牌营销人员掌握，人们开始意识到认知强度是非常重要的一个认知系数。所以，现在那种咆哮式广告越来越少了，故事性的广告越来越多，都是为了调动观者的内在情感。比如绿箭口香糖的广告，都跟爱情有关：一个小伙子腼腆地把口香糖放在一个纸飞机上，让它飞到喜欢的美女面前，然后美女大方地走过来说：还有绿箭吗？再比如帮助一个小姑娘去追求一个帅哥，制作的广告也有样学样，开始追求这样的故事性效果，因为这确实能够增加认知强度，而能增加品牌的认知强度的广告才是最好的广告。这个世界上，谁又不是消费者呢？谁又能真正做到"百毒不侵"呢？

我们为什么喜欢听故事？因为故事都有人设，都有感情。聪明的人为什么喜欢讲故事，并且能够把故事讲好？因为故事就是原型，每一个好故事都是强大原型，故事能最快速地调动一个人的情感参与，有了情感的参与，人们就会付出代价为情感买单。

在实践过程中，还有很多变式。比如一些明星，越来越懂得建设个人品牌了，为了推广本人这个强大原型，积极参与慈善工作。因为做慈善是最好的故事，是皆大欢喜的故事，谁都希望看到。

认知新鲜度

原型的认知新鲜度是一个每天都在变动的数字。通常我们可以给原型的认知新鲜度规定一个最大值，经验值是 15 天，大约两星期的时间。这是一个神奇的数字，失恋的人只要每天不再见到对方，潜意识中恋人原型的新鲜度就会减少，失恋者在艰难地慢慢复原，两星期后就会慢慢修复好自己的心灵，此时前恋人原型的新鲜度已经降低到零了。这只是通常的一种统计，一般在两个星期后，对之前爱人的思念之苦已经降低到一个可以接受的程度，对当事人的伤害就比较小了。有的人会说："为什么我不是这样？虽然我每天都没有见他，但是三个月也摆脱不了失恋之苦！"没错，你每天虽然没有见他，但你每天都在不停地思念他，你每天坚持进行着一种"唤醒恋人原型"的练习，这种思念每天都把他的原形唤醒，以至于他原型的新鲜度没有下降，一直维持在 15 这个最高值。

认知新鲜度是对近期原型被唤醒次数的测量数字。如果这个原型今天被唤醒了，它的认知新鲜度就加 1，如果没有被唤醒，它的认知新鲜度就减 1。

英国著名演化生物学家理查德·道金斯说得很透彻，所有的生物其实都是其基因控制的生存机器，这个机器的生存目标就是把基因传播下去，使自己的基因永垂不朽。美国人做过一项心理调查，发现没有所谓的天生恋人，绝大部分人的恋人通常都在离他两个街区之内的生活圈子里面。也就是说人们是因为相熟而相恋的，精确地说也就是随着认知新鲜度的增加而相恋的。

一个品牌战胜另一个品牌，其实就是一个原型的认知系数战胜另一个原型的认知系数。原型认知系数中的认知新鲜度看似不太重要，因为其是短周期指标，尤其与广度、深度和强度相比。但这只是"看上去"而已。新鲜度非常重要，食品不新鲜，意味着过期；空气不新鲜，意味着污染；思想不新鲜，意味着落后；品牌原型不新鲜了，意味着最近这个原型很少被唤醒。强大原型发生作用的第一机制就是要唤醒沉睡的原型。商家为什么在春节前两个星期开始推广商品，而不是在春节前三个月就开始宣传呢？这是因为人们对品牌原型的认知新鲜度只能保持两个星期，而且两个星期连续宣传也足以把一个沉睡很久的原形完全唤醒。过长和过于频繁地唤醒，只能保持原型的认知新鲜度，而不能提高它的认知新鲜度数值。

其实，任何一个品牌都可能黯然离场，任何一个强大原型都可能退化，因为任何一个品牌都有一个认知新鲜度的问题，所有品牌原型都需要不断地被唤醒，唤醒操作的时间最好不要超过 15 天，否则品牌原型的认知新鲜度就降低了。要维持品牌认知新鲜度，倒不必像追求女孩子一样每天制造惊喜，只要持续投放广告就行了。能够让顾客今天见到你的产品，或你的广告，或你的标志，新鲜度就加一；明天持续看到就再加一；但明天如果看不到，就要减一。认知新鲜度可以每天增加，直到达到最大值。

在商战中，也不是不可以适当透支品牌新鲜度。还以可乐为例，不管是哪种可乐，哪怕是中国的非常可乐，都有了一定的认知强度与认知广度，半个月不做广告也不会完全被忘掉。但是我们说过，产品原型的新鲜度是只宜加不宜减的，或者说，不加它就是减它，原地踏步就会不断退化。任何企业都应该在原型认知新鲜度上下足功夫，让它从内到外天天鲜，时时鲜。

认知正负能量

　　知名的企业不一定美誉度就高，中国互联网企业尤其如此，他们自毁声誉的一个做法就是要求员工加班，最著名的就是"996 工作制"，这其实是应对成长痛苦的权宜之策。"996 工作制"指的是早上 9 点上班，晚上 9 点下班，一周工作 6 天的工作制度。因为它违反劳动法，因此给这些企业带来许多负面影响，使其认知正能量数下降，负能量数上升。

　　抽象地说，认知正负能量数要分成两个认知系数来讲，其中一个是认知正能量数，另一个是认知负能量数。通过上面的例子，也基本上说清楚了，所谓认知正能量数即原型的本源有多少粉丝，也就是拥有正能量原型的粉丝量；而负能量数，是原型的本源有多少负能量原型的粉丝量，也可以通俗地理解为"有多少人反感这个原型"。

像品牌一样，人也有自己的认知正负能量数，每个非品牌的强大原型也都有自己的认知正负能量水平。善于借助强大原型，并且自身也已成为强大原型的罗振宇，曾经做过一期节目，叫作"中医有没有道理？"他上来就说"中医这个话题我本来不想讲，为什么呢？因为在饭桌上讲，肯定会打起来；跟同事讲，肯定也要吵起来。中医这个话题，基本上就是一个割袍断义、摔筷子砸碗的话题"。接着他话锋一转就开始对中医一通数落。其实无论某些人对中医的评价是正确的还是错误的，中医都是我们国家最具强大能量的原型。从认知正负能量数来看的话，中医的认知正能量数远远大于它的负能量数，这就是为什么中医极有广告价值的原因。任何一种补品或者药品，只要打着中医的大旗，往往就会有销路，因为中医的正能量数实在是太大了。哪怕部分人再不喜欢中医，它仍然是最好用的强大原型。中医有强大的人群支撑，具体数据大约为几亿左右。而那些完全不喜欢中医的人，主要集中一些注重实证的知识分子中，这个负能量数远远低于百万。那么，你要做中药题材的产品，或者与之相关的产品，比如食疗类产品，你用不用中医概念呢？几亿对几百万，正能量数远超负能量数，后者完全可以忽略不计。

　　古人说，仁者见仁，智者见智。这其实也是关于正负能量数的话题，而且当一个人说出"仁者见仁，智者见智"时，就已经在为他所认为的"仁"或"智"寻找理论支撑了。品牌就像人品，任何一个品牌都是如此，世界上没有完美的人，没有圆满的物，不要寄希望于认知负能量数为零的强大原型，只要认知正能量数远远超过负能量数就可以。有时候有一定的负能量数还能引起适度争议，引发热议，甚至能够收到意想不到的效果。

如何统计一个强大原型的认知正负能量数呢？人们发明了很多的方法，比如点赞、吐槽、好评、差评等。人们在互联网上建造了大量的评价系统，让消费者能够评价品牌、电影、商品等。许多人在淘宝上购物时，一定会先看看这个商品买的人多不多，它的评分如何，如果评分高的话那他就买，评分低或者差评多的话他一定就不买。好评数、中评数和差评数，就是在标记每一个商品的正负能量数。

第五章　强大原型和原型管理

企业进行商业推广的本质，就是让品牌成为公众原型，也就是进行原型管理。对于企业来说，原型管理就是采取一系列使自己变成公众原型的连续动作。此外，企业的营销推广、整合传播等运营活动都是在对品牌、产品或服务等进行原型管理。那些明智的企业，在进行原型管理的时候都会借助现成的强大原型，比如自然原型、公共原型和文化原型。

企业、品牌、组织和个人，都在进行原型管理

原型管理是对投放到他人头脑中的公共原型进行管理。这些公共原型的本源可能是企业、品牌、产品或个人。原型管理是一个组织或一个人，对自己的品牌、产品或服务在他人头脑中所形成的原型的管理。

个人的原型管理

每个人在刚出生时，父母就开始为他塑造原型品牌，为他起名。每个人在他的婴幼儿时期，都是父母替他进行原型管理。为孩子起名是最典型的原型管理方式，因为名字将来会成为或大或小的一群人头脑中的原型，每个人都在认识的人的头脑中建立了原型，这个原型的名称就是个人的姓名。

我们不但有正式的姓名，还有非正式的名字，比如说小名、昵

称和外号等。"罗胖"这个昵称就是罗振宇自己推出的，之所以推广这个昵称，是因为它比"罗振宇"更容易记忆和推广，大部分两个字的名字传播成本比三个字的要低。很多人都知道座山雕，却不知道这个人的原名叫张乐山。有谁知道"白坤洁"这位女士？恐怕能回答上的人很少吧。但若问知不知道"双枪老太婆"，就会发现有很多人都熟悉。我们所有人正式或非正式的名字，都与我们在他人头脑中建立的原型有着直接的联系，都是原型的重要属性，反映了这个人的某些人物真相，是他人对我们认识和与我们交往的重要依据之一。因此每个人都非常重视自己的名字，无论是正式姓名还是非正式的名字。例如每个人初次进入微信时，就像进入了一个新的世界，我们马上就着手进行自我原型管理，这种管理首先就从微信的昵称开始。

曾经有一段时间，QQ 和微信的昵称越来越朝着艺术化的方向发展了，我们在看那些微信或 QQ 昵称的时候，好像不是在看一个个的名字，而是在读优美的诗句，比如钢琴上的芭蕾、碧水佳人、烟雨江畔等。我真想把这个昵称的清单拉得得越来越长，因为读到每一个昵称的时候，都在内心产生某种诗般的意境之美。然而我们也发现，这些名称在被赋予了充分的创造性之后，反而违背了原型传播的规律，这些优美的昵称很难被传播和记忆，人们的自恋心理往往超越了他们对现实的考量。很多人都以为他喜欢的名字，越有诗意和文化底蕴，就越容易把自己推广出去，实际适得其反。很多人不懂用原型推广原型的道理，他们起的那些昵称非常"高大上"，但是那些昵称和世界上众多的强大原型几乎没有一点儿的关系。

人们为什么那样重视自己的名字或昵称呢？因为大多数人都有一种成为公共原型的倾向，成为公共原型，就是出名了。所有名人、演员、企业家等，都是推广自己原型的高手，为了更好的推广效果，很多人在成名之后改了自己的本名，因为新的名字有助于推广，成为强大原型。无论对品牌还是个人，一个好名字都是一本万利的投资。

然而在历史上也有许多特别不想出名的人，中国的老子就是其中最典型的一位。老子不想成为公共原型，他说："名与身孰轻？身与货孰多？得与亡孰病？"他不想出名，就想踏踏实实过日子。也就是说他不想成为一个公共原型，但是像老子这样活得通透的人是极少的。

起名只是手段，出名才是目的。一个人的原型越强大，他就越能够获得更多的利益。大 V 为什么受推崇，因为他们的粉丝多，粉丝越多，就越是一个强大的原型，直接或间接找他来做广告的人就越多，他也就越能获得商业上的成功。

原型管理并不仅仅像出名这样简单，人的许多行为都是在进行原型管理。个人随时在进行原型管理的典型例子，就是当别人给他负面评价时，他拼命地为自己辩护，这就是在维护自己在他人头脑中的原型，他在拼命地把正在向负面原型转化的自我原型，往正面原型转换。无论在法庭上还是生活之中，一个拼命为自己辩护的人，本质上就是在维护他的原型，就是在进行他自己的原型管理。一个人到处发名片也是原型管理，是在增加原型广度。演员纵容记者传播他的八卦也是原型管理，这是让记者帮他刷新和唤醒人们心中的原型。挎着名包戴着名表，西装革履，这也是一种原型管理，他们在管理自我原型的诸多属性。总之，大众的许多社会行为都是在进行原型管理。所谓"先做人，后做事"，在进行企业的原型管理之前，先要管理好自己个人的原型。对于销售人员来说，自己在没有成为对方的原型之前，或者个人品牌没有成为原型之前，是无法把产品或服务推销给客户的。一个人若想获得商业上的成功，他首先必须要做的事情就是进行自我原型管理。或者说，所谓成功，就是原型管理方面的成功。美国有个商业奇才，这个人卖保险非常成功，他是怎么做到的呢？很简单，在电话时代，他认识一个人就给人发名片，出于礼貌，对方通常会回敬他一张名片，这样的话，这个人就成为其开发的对象，他会一步步把自己变成对方最熟悉的原型，然后再用这个最有影响力的原型推销产品。他是怎么逐步做到这些的呢？其实就是每天唤醒，比如电话留言，每周进行电话问候，每月一封信等。就好比在很多微信群里总有人在早上发一段鸡汤文字，看到谁都打个招呼，不管你回不回，每天如此，必有收效。当然了，不能一上来就推销你的产品，记住，而且永远要记住，先建立自己个人品牌原型，原型建立好了，没有自己的产品你也能赢。看看那些带货的网红，他们哪有产品？但所有的产品他们都可以销售，所有的企业都是他们的生产商，这样的例子不胜枚举。

企业的原型管理

企业原型管理比个人原型管理要复杂得多，需要协调和调动的资源也更多。首先是企业的名称，企业家必须要重视企业品牌的命名，企业和品牌的本质其实是一个好名字，低成本的好名字让品牌赢在起跑线上。品牌因为直接和消费者接触，消费者因为品牌而买单而非因为企业而买单，因此品牌名称比企业名称要重要得多。也有很多企业和品牌用的是同一个名称，这样推广一个名称成本是低的，比如华为、小米、三星、联想等都采取了品牌名称与企业名称合一的战略。把品牌名称作为最重要的品牌资产，进行有意识的、系统的原型管理，这是一个品牌成功最重要的基础。

企业的原型管理是一个非常容易懂的概念，只要能抓住本质，也是非常好操作的。比如蒙牛这家公司就要对自己的"蒙牛"品牌原型进行管理。它把这个品牌建立起来了，怎样维护这个品牌？要不断地跟一些强大原型进行链接，比如借势中国的航天事业，寄生在航天事业这一强大原型之上，这就是原型管理。再比如三聚氰胺事件发生之后，蒙牛怎么发声，怎么道歉，怎么自救，这也是原型管理。怎样传播和推广这个品牌，还属于原型管理。简单来说，凡是跟我们的品牌原型维护有关的一切活动，都叫原型管理。

企业进行商业推广的本质，就是让品牌成为公共原型，也就是进行原型管理。对于企业来说，所谓原型管理就是采取一系列的使自己变成公共原型的连续动作。此外，企业的营销推广、整合传播等运营活动都是在对品牌、产品或服务等进行原型管理。那些明智的企业，在进行原型管理的时候都会借助现成的强大原型，比如自然原型、公共原型和文化原型。

强大原型最重要的条件就是原型的认知广度和认知深度都很大。换句话说，强大原型就是那些家喻户晓且人人都非常熟悉的原型。在中国，如果有10万个人知道、熟悉的，仅仅算是一个局域性的小原型；至少有上千万人知道、熟悉的，才能勉强算一个地区级的强大原型。而能称得上名人的，至少也得有上亿人知道。企业请一个明星代言的本质，是借助明星这个亿万人头脑中的强大原型，与亿万消费者在意识上进行原型链接。知道他的人多（认知广度大），熟悉他的人多（认知深度大），对他有各种正负情感的人多（情感度高），最近他出现的频率高（认知新鲜度高），认可他的人比不认可他的人多（认知正能量数比负能量数大得多），从这个角度看，明星的代言费贵一些也是有道理的。而且别忘了，成为明星其实是一个艰苦的自我原型建设和管理的过程，也是需要花费很多成本才能建立起明星品牌原型的。明星的原型管理，介于个人原型管理与品牌原型管理之间。通常情况下，单纯靠明星个人运作是不行的，起码得有个小团队。同样的道理，谁都知道明星皮肤好是因为天生丽质，而不是某化妆品在起决定性作用，但大家还是会对其推荐的化妆品趋之若鹜，因为至少这是时下最火的品牌，是某某明星代言的。再说了，反正总得用化妆品，为什么不买一个最火的，反而要去买一个不火的品牌呢？这就是潜意识原理被企业原型管理的团队运用后产生的效果。

一家企业最重要的是什么？有人说是团队，也有人说是技术，其实都不是，而是企业所塑造的强大原型。近些年，崛起了一批原型企业家，他们的成功，验证了强大原型的巨大价值。互联网企业是原型营销的典范。每一个成功的互联网企业，都有一位大众耳熟能详的创始人。提到腾讯，人们会想到马化腾；提到360，会想到周鸿祎；提到百度，会想到李彦宏；提到阿里巴巴，会想到马云；提到小米，会想到雷军。

即使在传统领域，那些杰出的创始人，也不约而同地成为企业免费的代言人。他们不仅逐步把自己经营成强大原型，并且将原型理论运用到企业经营的方方面面。比如格力董明珠、海尔张瑞敏、联想柳传志、华为任正非、福耀玻璃曹德旺等，他们都是原型经营的标杆。

原型经营是企业经营的核心，原型管理就是品牌管理，尤其上述原型经营的标杆人物企业，他们的品牌管理不仅见效最快，也成本最低，不必聘请明星代言，也避免了相应的风险。因为随着自媒体的迅速发展，明星的负面新闻越来越多地暴露在大众视野下，各种负面新闻屡见不鲜。重金请了某明星代言，万一明星出现负面新闻，不仅投入的费用打了水漂，更重要的是影响品牌在大众心目中的形象，反而得不偿失。当然了，凡事都具有两面性，企业家冲在前面，也势必要有周密的统筹与严谨的执行。刘强东固然省下了很多代言费，但一夜之间也曾损失市值 200 亿元；俞敏洪也曾因一句话得罪过广大女性；李国庆的杯子更是一摔成殇；但这不是原型的错，而是他们没有管好原型。一把好牌，没有打好，幸好他们的团队及时补救，才不至于让好不容易打造出来的强大原型完全破产。

原型管理：增加和维护认知系数

原型管理不是对某一个人头脑中塑造的原型进行管理，而是要对某个在千千万万人们头脑中的原型进行管理。这个原型的本源可能是文化原型，也可能是自然原型或公共原型。

原型管理的本质是增加本源原型的认知系数。比如说做广告就属于最典型的原型管理，因为广告本质上就是每天都在加强原型的认知系数，也就是加深一个品牌的认知深度，扩大这个品牌的认知广度，加强这个品牌的认知强度，维护这个品牌的认知能量数（通常是增加它的正能量数，减少它的负能量数）。电视台统计收视率、网站统计文章的点击率、视频网站统计视频的播放率，这些操作就是对某个原型认知广度的统计，以作为其他操作的依据。

从这个角度我们就可以说，一个企业，它所做的大部分事情都是在加强品牌和产品的认知系数。

对于个人也是一样，也在增加和维护着他的认知系数，无论是自觉还是不自觉的。以企业家为例，他要进行的原型管理，是对他在"众人"头脑中的原型进行管理。比如一位企业家，首先在认识他的所有人头脑里都有一个他的原型，这时作为原型本源的这位企业家，就要对这些进入了大众头脑里的原型进行管理了。怎么来管理呢？要根据他原型的各个认知系数进行管理。比如说，除了要增加认知广度和深度，他也要对原型的正负能量进行管理，保持正面的舆论引导。总之不能让他在大众头脑中的正面原型变成负面原型，必须维护自己正能量的原型，让他原型的正能量数远大于负能量数，这就是原型管理。

再比如说，一个企业对自己品牌的原型广度进行管理，到各种媒体投广告，实际上就是增加品牌原型的认知广度，让更多的人头脑中有这个原型，去扩增这个人数就是提高认识广度。

品牌和个人起名为什么那么重要呢？因为你起的名字如果是寄生在一个强大原型身上的话，这个名字就容易传播，跟别人说一遍别人就能记住，这样它传播性就强，原型的广度会极快地增加，这也是属于原型管理重要的组成部分。

再强调一遍，原型管理本质上就是增加或维护原型的认知系数。

再比如原型的认知深度，要加强认知深度什么意思呢？可口可乐到处投放广告，让你在这能看到它，到那也能看到它，每看到一次，对可口可乐这个品牌的认知深度增加一分，认知新鲜度也增加了一分，这也增加了可口可乐这个原型认知系统的数值。

原型管理就是增加和维护原型系数。对于认知深度、认知广度和认知强度来说，原型管理属于增加认知系数；对于认知新鲜度和认知正负能量来说，原型管理属于维护认知系数。

公关：原型的救护

　　当品牌原型受到损害时，企业的原型救护能力就决定着品牌能否可持续发展。任何企业都会出现不可预见的危机，如何转"危"为"机"考验着经营者的智慧。

　　我们来看一个经典案例：

　　美国的种族歧视事件一直是最引人注目的焦点，往往会给企业品牌原型造成极其负面的影响。2018 年，美国宾夕法尼亚州费城的一家星巴克门店经理，为星巴克这个全球知名的强大原型添上了惊动全球的不光彩的一笔。事件起因是两名黑人男子因为等待朋友时间较长，向店员借用洗手间，但遭到拒绝，随即发展成为相互之间的争执。该门店经理在发现二人并未消费后，居然报警将他们逮捕，名义竟是"非法入侵罪"。随后，该事件在社交媒体上曝光，并迅速引起全美社会的关注与谴责，甚至一度发展成抗议和抵制活动，星巴克这个强大原型瞬间负能量数暴增。

星巴克创始人兼 CEO 霍华德·舒尔茨称得上久经沙场，他知道事情的严重性，"星巴克"这一世界级的强大原型受到了威胁，因此在第一时间亲自赶到费城，并向两名黑人道歉。但事件已经发展到令费城市长都头疼的地步，星巴克仅仅是道歉还远远不够。此时，星巴克面对的是艰巨的原型救护问题，它不仅要面对公众的舆论与抗议，还要面对来自政府的监督。星巴克的品牌原型价值是难以用金钱衡量的，因此，无论如何都要对这个强大原型进行抢救。经过将近一夜的紧急研究，星巴克在第二天官宣，将关闭全美 8 千家门店，对 17.5 万名员工开展"反种族歧视培训"，因此造成的直接损失超过 1 亿元。但我们知道，这比起损失其强大原型来可要划算得多了。因为关店培训虽说损失巨大，但星巴克这样一公关，也换来了大量的全球公关传播覆盖，还把坏事变好事，借机大大提高了公众对星巴克这个强大原型的认知强度和认知广度，堪称原型管理的经典案例。结果很好，危机公关换来的是全球各社交媒体平台上众多网友的点赞与转发，更有很多忠实顾客站出来，对此次星巴克负责而真诚的解决方式表示支持。这样一来，星巴克品牌原型的负能量数反而减少了，原型更加强大了。

我们再来看一个国内的案例，海康威视"安全门"事件。

海康威视是国内领先的监控产品供应商，面向全球提供领先的监控产品、技术解决方案与专业优质服务，其产品在北京奥运会、大运会、亚运会、上海世博会等重大项目安保中得到广泛应用，连年入选"国家重点软件企业""中国软件收入前百家企业"，其品牌是名副其实的世界级强大原型。但 2015 年 2 月 27 日晚间，江苏省公安厅的一则特急通知将海康威视推上了风口浪尖，令其品牌原型备受压力，急需救护。这则通知称海康威视生产的监控设备存在严重安全隐患，并被要求进行全面清查。海康威视迅速回应，在速度、态度以及动作节奏和完整性方面，都展现出成熟的原型救护能力，同时还表现了高超的原型管理技巧。首先，事件发生后，公司第一时间回应，借助正式的澄清公告、投资者说明会以及官方微信公众号和官网等多层次平台，确保公司的声音和态度得到有效传播；其次，面对媒体采访，态度开放积极，口径一致，避免产生误读或更多猜疑；最后，通过行业专家及券商机构等发出中立言论，使投资者意识到此次事件与公司产品质量无关，对公司业绩影响不大，股价若下跌是买入良机。这些操作环环相扣，增强了公司回应的可信度，对稳定舆情和投资者情绪起到了重要作用。

总之，一个企业的危机公关，主要目的就是救护企业的品牌原型。打造一个强大的品牌原型很不容易，成本巨大，日常维护的工作也不少。原型出问题了，负能量值增加了，那么加以管理和救护就是必须的应对之策。

第六章 推广定律：用强大原型来推广品牌

对企业来说，其所推广的原型就是品牌；对个人来说，其所推广的原型就是他的知名度。总之，推广就是要让原型被大众熟知，如果我们要推广的对象本身就是大众已经熟知的，在他们潜意识中已经存在强大原型，自然就会事半功倍，甚至不做事就有功。

借力思维：品牌要带着势能出战

对企业来说，其所推广的原型就是品牌；对个人来说，其所推广的原型就是他的知名度。总之，推广就是要让原型被大众熟知，如果我们要推广的对象本身就是大众已经熟知的，在他们潜意识中已经存在强大原型，自然就会事半功倍，甚至不做事就有功。

举个例子，当你遇到一个姓秦的陌生人时，你会问：贵姓？他回答：免贵姓秦。你又问：哪个秦？因为百家姓中确实还有一个同音的"覃"。这时候他就会说：秦始皇的秦。虽然秦始皇根本就不姓秦，而是姓嬴，但他绝对不会说秦桧的秦，尽管秦桧真的姓秦。这里面的潜在心理就是，用强大原型来推广品牌，秦始皇是他关心、喜欢、崇拜的原型，也是相对来说较容易为大众所接受的强大原型，秦桧则不能。

面对激烈的市场竞争，每个企业也都要推广自己的原型。关键是如何推广。这里我们就给企业提供了一个"推广定律"。如前所述，我们也不妨再强调一遍，要用强大原型来推广品牌。

　　再举一个前面提到过的例子，即上海证大喜马拉雅网络科技有限公司，这就是一个善于利用强大原型推广自己的原型的公司，目前在知识付费领域已遥遥领先，总用户规模近 5 亿。我们可以站在这家公司的创始团队的立场上想想，刚开始他们没品牌，也没名气，首先要解决的就是公司起个什么名字。这时候就连内部人也只能用"我们公司"这个笼统的称呼，这可不行，得赶快确定一个好名字。什么名字才能快速被市场认知呢？怎样才能让这个品牌快速获得很多粉丝呢？就叫"喜马拉雅"吧，因为喜马拉雅山脉是世界范围的强大原型，不但中国人知道，全世界人都知道。喜马拉雅又是做知识付费的，喜马拉雅山脉则同时兼具了高度与厚度，非常契合。借助这个非常好记忆的强大原型，喜马拉雅品牌走上快速发展的轨道。

　　快速成功的根本原因，就是这家公司用喜马拉雅这个强大原型，把自己的品牌寄生在喜马拉雅山脉这个强大原型上，获取了原力，进而成为强大品牌，非常精准与高效。

　　再来讲讲阿里巴巴，马云为它命名的时候，已经有过多年创业经历，做过海博翻译社和中国黄页，都没有嫁接于强大原型，因此做得都不成功。后创立的阿里巴巴就不存在这个问题，它浑然天成，全球皆知，结果阿里巴巴借助这个强大原型，把一个名不见经传的小公司带火了，成为全球知名品牌。古人说，"取法乎上，仅得其中；取法乎中，仅得其下"。我们说，如今做企业，品牌无比重要，哪怕你只是想做个小公司，也得有个世界级的强大原型，不然小公司也做不成。

事半功倍：由原生原型进行迁移

怎么理解这个标题呢？首先要知道什么叫原生原型。

我们可以给它一个定义，事实上已经在第一章"原型的分类"里定义过了，也就是"自然原型"。这里我们再说一遍，原生原型就是"自然原型"，就是没有被人类修改过，没有被文化浸润过的原型，比如太阳、月亮、喜马拉雅山等，这些原型都不是人类通过自己的文化之手创造的，都是原生原型，也称自然原型。

也就是说，自然原型就是自然之物在大众头脑中塑造的原型，太阳、月亮、星空、植物、动物等都是自然原型。自然的就是天然的，这些未经人类文化改造的，在大众头脑中塑造的原型都是自然原型或原生原型。

利用强大的原生原型是塑造品牌的捷径，原生原型为品牌提供了源源不绝的原力。所以说，品牌打造的第一步，就是找到强大原型，并且进行合理的迁移。

那么，什么叫迁移？什么又叫合理的迁移？简单来说，就是对原生原型进行品牌化和精细化的改造，让它成为品牌的私有化财产，为品牌所用。比如上文提到过的喜马拉雅，这家公司就是利用了一个原生原型，把世界人民原来都认识的喜马拉雅山改装成了喜马拉雅知识付费公司，这就是对原生原型进行迁移。而这种迁移最原始的版本，第一个吃螃蟹的，就是著名的苹果公司，因为苹果就是一个最典型的原生原型。但是，有谁不喜欢苹果，尤其是原生态的苹果呢？但是，苹果公司又必须得有所创新，不然你是苹果，他也是苹果，怎么区分呢？于是有了那个咬了一口的苹果，这就不是谁都能学得来的了。

用强大原型来推广品牌的第一招，就是用原生原型进行迁移，这是最方便的第一招，也是最有效的一招。

用故事和事件增加认知强度

　　为什么有那么多人喜欢故事呢？因为发生在原型上的故事和事件，最容易增加这个原型的认知强度。

　　西方有位作家说得好，"生活如此无聊，听听故事就好"。听故事，是绝大多数人的需求。我们从小就喜欢听故事，晚上不听个故事，连觉都睡不着。长大后，我们通过影视、书籍、网络等不同方式来了解各种故事，分享各种故事。

　　为什么故事会成为一种普遍的需求呢？其实这是基于大脑机能的需求。大脑需要刺激，如果老是听一个同样的故事，大脑会厌烦。在现实生活中，我们可能做着一成不变的工作，生活平静，波澜不惊，但大脑需要刺激，需要被感动、被吸引等。怎么办？没有一个故事解决不了的问题。

那些赴美上市的企业，在敲钟之前，都要不断讲故事，不断讲大众感兴趣的故事，只不过他们不叫讲故事，换了个说法叫"路演"。唐骏、雷军、马云等，都是讲故事的高手。唐骏讲过自己的原型故事，也帮盛大讲过故事。雷军给金山讲过故事，现在又在讲小米的传奇。马云讲的就是《一千零一夜》，动不动就讲故事，一讲就是二十年，时间长了，不听他讲故事很多人不适应了。让天下没有难做的生意，是不是讲故事？

譬如董明珠，著名的铁娘子，也有人称她"董小姐"，把格力带领得蒸蒸日上。不得不说，这是个好故事，是个好原型。尤其是与雷军打赌 10 亿元，从刚开始的强劲，到中途的柔和，再到赌赢后的大气，给人留下了深刻的印象。强大的企业家原型靠的是故事，他们故事不断，精彩不断，品牌原型就不断被加强。

这里要重点说说抖音，因为它形成了网红带货的高峰，管你什么产品，只要讲好故事，附带一个链接，就能大卖。至于故事是不是跟产品有深入联系，不重要，重要的是故事本身好。其潜台词就是"你这个人好，你带的货一定也差不了"。尽管这个逻辑是那么经不住推敲，但是大量消费者又有几个人会去详细推敲呢？

人们越来越倾向于讲故事，就在于故事能够引发人们的情感，通过强大原型增加品牌原型在人们大脑中的认知强度。

写作经验丰富的人都知道"精彩前置"，也就是把一篇文章或一本书最精彩的部分放在最前面，以便吸引读者。通常来说，前置的都是最经典的故事桥段，比如《封神演义》，有些版本上来就讲"哪吒闹海"，就是精彩前置与故事前置。先把最吸引人的那个故事抛出去，把别人吸引住，让他增加了认知强度之后，再逐渐增加其认知深度。

用神话来推广品牌

品牌属于文化的范畴，也是文化现象。如果我们沿着历史的脉络细细梳理，就会发现世界各民族的文化，追溯起来，其源头都有神话。

希腊有希腊神话，罗马有罗马神话。世界上还没有一个学者能把所有这些神话都说清。神其实也是强大原型，而且更加强大。人再强大，比如马云，你也可以不买他的账，但是神，对于有信仰的人来说，必须虔诚。

其实，用神话原型做品牌推广，是与用原生原型进行迁移类似的一种原型推广方法，本质都是用强大原型来推广品牌，只不过一个使用的是原生原型，另一个使用的是神话原型。历史上有很多的神话传说，里面有许多强大原型，中国最典型的就有二郎神、观世音、如来佛、哪咤等，这些原型称得上家喻户晓。有些不仅中国人人尽知，还传到国外，比如说美国迪士尼已经把中国的《大闹天宫》整个版权都买去，日本也有日本版的孙悟空，这些神话原型为什么传播得这么广呢？或者说，神话里的原型为什么那么强大呢？这是因为这些原型已经流传了成百上千年，成了全人类共同精神财富，这种认知的普遍性，让其有了巨大的价值。

我们举几个国外品牌的例子。Versace，大名鼎鼎的范思哲，不仅经营服装，还售卖香水、皮件、玻璃器皿等，深受中产家庭青睐。它的标识来源于希腊神话，标识中那个女人就是希腊神话中的蛇发女妖美杜莎。她疾恶如仇，手段狠辣，有时候甚至会错伤好人。蛇发女妖美杜莎，是充满怒火和怨恨的女人，特别是在她被伤害之后，当她感受到威胁时，她会变得极为危险，甚至会采取极端的手段来表达她的愤怒。她竭尽全力帮助女性变得强大、独立，得到女性的广泛认同。美杜莎是有大众广泛认知的强大原型，借助其原力成就了范思哲这个强大品牌。

星巴克标识中的女人，则是希腊神话中的塞壬，它人首鸟身，实质上是个海妖，不是神。运动品牌耐克这个品牌名也来自希腊神话，在希腊神话中，Nike（尼姬）就是胜利女神。爱马仕也与希腊神话人物赫尔墨斯有着千丝万缕的联系。达芙妮也来自希腊神话。有人会问，怎么都是希腊神话？因为欧美文化受两希文化影响深刻，两希文化也就是希腊与希伯来文化。这些国家的人们从出生起，就

像中国的小宝宝们从小听孙悟空的故事一样，早早地在头脑中建立
起了这些神话人物的强大原型。

用动物推广品牌

动物是亘古长存的强大原型，动物是内嵌到人类基因中的先天原型。用动物推广，最符合用强大原型来推广品牌的原理。

人类本身就是动物，会动的东西人类天生就关注，所有动物都能引起我们的警惕心或注意力，幼小动物的性情与人类婴儿的性情几无差别，能激发人类天性中最强大的算法原型——爱。

很多动物都是强大原型，比如猫，全世界人都知道猫，猫这个原型的广度实在是太大了。很多人对猫有感情，自嘲为铲屎官。还有一些人自称为猫奴，足见猫的原型深度也足够强大。

因为猫是强大原型，就有人把它拿过来推广品牌了，这就是天猫。它最初的广告口号也很符合爱猫人的状态，"上天猫，就购了"，有猫就够了。而且我们知道，猫是一种尚在被人类驯化中的动物，引导消费者、培养消费者本身也是一种驯化。当天猫做成品类的老大之后，又做了战略升级，以凸显行业地位，那就是"理想生活上天猫"，这一句话中包含了两个强大原型：理想和天猫。

年长的人也爱动物，他们是电视的拥趸。据分析，有很多人看电视都喜欢看动物世界，并且喜欢看大型猫科动物或其他猛兽猎杀的场景，因为这有移情作用，可以让他们回忆起青春时代，重忆当年勇，弥补年长时伴随着体力渐衰造成的无力感。

再看奥运会，为什么它的吉祥物都是动物，而不是一个人呢？这是因为动物才是强大原型。因为很少有人去挑剔动物，但对人的评价就仁者见仁、智者见智了。你喜欢贝利是吧？好，我偏要喜欢罗纳尔多！这俩正较着劲呢，又来一位，说这两位都不行，他喜欢罗纳尔·迪尼奥！来一只动物，而且是卡通的，设计得可爱点，肯定无争议，人见人爱，皆大欢喜。

美国著名动画"猫和老鼠"之所以成功，把"汤姆"和"杰瑞"这两个原型塑造并推广得全球皆知，首先还是因为它们的原型足够强大。然后在此基础上，创造者又赋予了它们人的性情，以及所有能够损有余而补不足的强大属性，比如损掉老鼠的劣根性，增加它的可爱度。当电影中的动物具备了人性之后，它们就成为世界级的强大原型。再接下来，借助强大原型就能够推出衍生产品，甚至可以开发主题乐园。事实上，以强大原型塑造和推广品牌一定事半功倍，是品牌成功的最短路径。

除了上述案例，还有很多跟动物有关的品牌，包括搜狐、途牛、飞猪、驴妈妈、马蜂窝、快狗打车等。同时，有些企业名称虽然与动物无关，但它们的标识使用了动物，比如腾讯的企鹅、京东的狗、携程网的海豚、去哪儿网的骆驼、苏宁易购的狮子、同程旅游的鱼等。现在是直播流行和知识付费的时代，排名前十的直播平台中，动物也占据了半壁江山；排名前十的音频平台，动物同样占据了一半以上。

那么，用动物作为企业名称，或者将动物形象作为品牌标识，有什么好处？利用动物的强大原型，可以迅速建立关联性、识别性，让人过目不忘。举例来说，三个企业名字，华实美、长恒远、蹦蹦狐，在这三个名字中，蹦蹦狐肯定最容易被人记住。再比如，动物的象征意义，可以延展为品牌的内涵。举例来说，快狗打车，意在以狗的快速、忠诚、可靠，来固化人们对快狗打车的理解和认知。而狐狸象征着机敏、灵活、聪慧，而这些特征正好符合搜索引擎的服务特点，所以搜狐才由"搜乎"改为"搜狐"。

总之，很多动物本身就是强大原型，品牌和个人都要学会利用这个强大原型来推广。

动物可以的话，植物可不可以呢？是可以的，比如红杉资本，具体例子太多，我们点到为止，就不再展开了。

明星大牌广告

　　企业家赚钱多，大多数人都还能平常心看待，毕竟人家是通过勤奋与智慧得来的；但明星的天价代言费，大众并不能理解和认同。

　　很多人想不通、不理解的原因，是这些人都不懂得原型理论。事实上我们早就说过，任何一个明星大腕都是强大原型。而对于商家来说，为什么非要用明星做广告呢，那么贵？有些明星还不帅，不太美，为什么不找一个普通人中的帅哥或美女来做广告呢？因为推广的关键还在于借势的原型是否强大，只要有知名度，有巨大流量，他就是强大原型，企业用明星这个强大原型来推广品牌，就符合推广定律。让我们重复一遍，推广定律，就是要用强大原型来推广品牌。只要符合这个底层逻辑，就能够给品牌带来巨大价值。至于究竟怎么选择，需要有大量的系统工作，不多赘述。

大众越是喜闻乐见的就越是强大原型。比如前几年翻唱汪峰的《春天里》而爆红的旭日阳刚，由于唱得好，所以在网络上火了。因为喜闻乐见，他们也被央视邀请上了春晚，在春晚上，他们依然唱的是《春天里》。什么意思？他们不会唱别的歌儿吗？不是，是因为《春天里》已经是强大原型了，他们要借助这个强大原型，如果换掉它，就失去了强大原型的加持，电视台和大众都不会认同的。

另外，旭日阳刚这个组合也成了强大原型，他们的成功也完全契合原型理论。首先，他们是农民工，而农民工群体在中国人的心目中就是一个抽象的强大原型，中国有几亿农民工，追捧旭日阳刚就是追捧他们自己，传播旭日阳刚就是传播他们自己。两个人又恰到好处地借助了《春天里》这首绝望中不失希望的歌曲，它是一个算法强大原型，具有典型性。

总之，做广告，推品牌，一定要用强大原型来推广，明星其实就是"强大原型"的别名。不是说品牌不可以用普通人中的帅哥美女，如果实在找不到或者请不起明星，那么品牌找帅哥和美女代言也是可以的，因为帅哥和美女本身就是人们喜爱的，他们也是心理学家荣格认可的先天原型。

造节

造节，就是制造节日的意思，比如"双十一"购物狂欢节、"6·18"购物节等。

造节也非常符合强大原型的推广定律。为什么呢？因为节日是人类的强大原型，只要有节日，它就有庆祝、有休息、有欢乐。这些信息自幼就植入了大众的头脑里，所以人们一听说过节，肯定就高兴，尤其是小孩子，全世界的小孩子都喜欢过节，因为过节通常都有礼物。

节日是从狩猎时代就传下来的强大原型，男人们狩猎归来时，都要和部落中的男女老少围着篝火庆祝，这就是节日最本源的原型。节日深植于人们的潜意识之中，它是先天原型。因此，刻意造出一个节，或者引进一个节，很快就会给品牌带来巨大的推动能量，比如"双十一"、感恩节、父亲节、母亲节等，这些新的节日逐渐会变成各个品牌私有的强大原型。节日本身就是一个强大原型，造节实际上是用"节日"这个最强大的原型来造一个品牌专属的节日，把公共原型私有化，即让品牌占人类共有节日的便宜，借势而起。例如天猫把"双十一"改造成购物狂欢节，变成了品牌独有的节日，这就是典型的占节日文化的便宜，把人类共有的节日原型加以改造，变成品牌私有的强大原型的最典型的案例。

第七章　强大原型案例深入解读

让我们再重复一遍推广定律，有效推广定律就是要用强大原型来推广品牌。通常来说，我们所推广的品牌都要寄生在强大原型上，借助强大原型的内生能量来推广品牌。

被春节带红的春晚

我们说过，任何一件事、任何一个人都适用强大原型理论，春节也不例外。春节由很多强大原型组成，春晚就是其中之一。

央视春晚从 1983 年开办至今，持续 37 年不间断，早已成为中国规模最大、最受关注、收视率最高、影响力最大的综艺性晚会。在国际上，也没有几个节目能超越它。但鲜为人知的是，1983 年央视举办首届春节联欢晚会，其实是一个偶然事件。这台晚会后来能够成为中国人的新民俗，成为人们每年除夕夜必看的电视大餐，有其文化层面的强大原型。作为中国最隆重、最热闹的一个传统节日，春节的历史最早可以追溯到殷商时期，当时年头岁尾的祭神及祭祖活动是春节最早的雏形。春节到了，意味着春天将要来临，万象复苏，草木更新，新一轮播种和收获又要开始。春节又叫过年，几千年来，各种年俗庆祝活动异常丰富多彩，各种形式的文艺活动比比皆是，比如踩高跷、旱船会等。至少在北宋，春节就已经是一个非常强大的原型了。而春晚借助电视技术，借春节这一强大原型获得了原力，如今已经变成和春节同样强大的原型了。过春节必看春晚，这已经成为广大中国人民非常熟练的算法原型。

有效的推广定律就是要用强大原型来推广品牌。通常来说，我们所推广的品牌都要寄生在强大原型上，借助强大原型的内生能量来推广品牌。

我们再来看一些春晚的细节。在 1983 年首届春晚上，斯琴高娃和胡松华联手表演了歌伴舞《草原民歌》，首次将歌曲与舞蹈相融合。因为是首次尝试，缺乏经验，演员的表演相对单调，没有引起太大反响。但 1984 年春晚，来自中国香港的歌手奚秀兰身着艳丽的民族服饰以一曲《阿里山的姑娘》令观众眼前一亮，在 6 位同样身着民族服饰的舞蹈演员伴舞下载歌载舞，美妙的歌声伴着翩翩的舞姿，使观众在视觉和听觉上都得到极大满足，引起了强烈反响。之后，几乎所有晚会都保留了这样的形式。为什么？因为当一个节目或一种艺术形式引起强烈反响的时候，它就已经是强大原型了，为什么要弃之不用呢？另外，每年春晚，我们都会看到少数民族演员以及相关节目，除了凸显"56 个民族是一家"的大主题之外，少数民族的服装、歌声、舞蹈、道具等原型确实都很强大。

还有人说，中国文化有个很重要的特点，就是福喜文化，如大年三十北方人吃了饺子就会交好运、交好人；吃了年糕就会年年升官、岁岁发财；吃了汤圆，一家人就会和和美美。人们都用强大原型来寄托个人感情，图个好彩头。这种"图个好彩头"的心理其实也源于人类趋利避害的本性，这是我们强大原型的一部分。无论让谁做春晚的导演，他都有必要让我们看到一个太平盛世的集中呈现，这样观众的心情、心气儿和心劲儿才会跟随着这个舞台升腾起来。

另外，春晚的进步还表现在"春晚经济"。与承办奥运会一样，最初办春晚也是纯贴钱的。但是伴随着改革开放与经济腾飞，春晚派生出许多新生事物，也有不少企业纷纷搭乘春晚这辆"顺风车"，利用先进的传媒手段，对电视机前的观众大做广告，大送祝福，进而让品牌赚得盆满钵满。1984年，春晚出现了第一个广告赞助商——康巴斯钟表。当时的广告费用是一车钟表，大概3000只，抵了广告费。无疑，这是赚大了，因为走遍全球，再难找到比春晚更强大的原型，尤其是花费如此小的代价。之后，春晚在为全国人民送上文艺大餐的同时，也成了中国经济的晴雨表和市场变化的风向标，并一手造就了无数个家喻户晓的著名品牌，有些至今仍活跃在商业领域和我们的生活中，比如美的、海尔等。

不可否认的是，伴随着互联网尤其是移动互联网的发展，观众在这个重要节日可选择的内容更多了。互联网平台以及一些地方卫视，都在试图撼动春晚的地位，但是，央视春晚的商业价值依然巨大，一是央视春晚依然强大，有十几亿中国人的关注；二是别忘了，它叫"央视春晚"，在这里投广告，还意味着企业有实力，号召力无与伦比。

被红包带红的微信支付

现在微信红包的应用火遍了大江南北，作为后起之秀，与支付宝二分移动支付市场。那么微信的红包又是怎么红起来的呢？它利用的仍然是推广定律，也就是利用春晚和逢年过节发红包的传统这两个强大原型来推广自己。春晚利用春节这个强大原型一炮走红，而微信则在春晚时，让大家养成了手机发红包的习惯，一夜之间便树立起微信支付这个强大品牌。

中国财富江湖上有"二马"一说，即马化腾与马云。马云，阿里创始人，当年的亚洲首富，多家财团董事，起初遥遥领先于马化腾。转折点在哪里呢？就在微信红包。在腾讯推出微信红包前，国人大多使用支付宝，几乎有中国人的地方就有支付宝。但用专业人士的话说，微信红包当时几乎仅用了两天的时间，就做了支付宝8

年才干成的事！也可以说，当今微信支付的份额，大部分都是从支付宝原本独占的大蛋糕上切下来的。微信支付成功的关键，是充分借势春晚的强大原型和过节发红包的强大原型，获取了品牌营销的原力，才能够快速崛起。

马化腾胜了，但马云也没有败。他们都是原型管理的高手，也都是财富江湖的赢家。但在微信红包这件事上，别说马云没料到，马化腾本人也没有想到会胜得这么轻松。2013 年 8 月，弓晨所在的基础产品中心才开始为微信支付研发新产品，11 月才通过头脑风暴发掘出这个创意，2014 年 1 月 10 日正式开始技术开发。1 月 24 日，微信红包测试版上线，因为微信红包是基于"过年过节发红包的习俗"这个强大原型的，使其得以快速传播并发展壮大。红包自古有之，但以前都是当面发红包，而微信红包更方便，可以直接连接线上很多人，更重要的是赢在一个"抢"字，吸引了大众来应用。因此，开发团队不得不一次又一次忙着给微信红包系统扩容，先后调来了 10 倍于原设计数量的服务器。1 月 26 日，微信红包经过内测之后，正式上线。一张网络流传的截图显示，还在内测时，马化腾就邀请一些企业老板来测试"抢红包"的功能。在这张截图上，马化腾发了一个随机红包链接,50 个随机红包，人均 20 元。截图还显示，中石化的孙维跃和广厦集团的楼江跃都领到了红包。不久，香港创意服务公司的总经理罗绮萍也在腾讯微博上晒出马化腾在微信上发给她的 188 元红包。2 月 9 日春节期间，微信联合各类商家推出春节"摇红包"活动，当晚送出金额超过 5 亿元的现金红包，单个最大红包为 4999 元，另有超过 30 亿元的卡券红包，共派送 2500 万个现金红包。如果有人送你钱，你会不会对他印象深刻？会。不仅会，他还会成为你的强大原型。只用了这一招，微信支付就成为众多消费者头脑中的强大原型。所以过完年，当人们重新走上工作岗位时，发红包与抢红包都成为熟练动作，即熟练的算法原型。

腾讯数据显示，当年在微信红包推出不到两天的时间里，参与用户便超过了 500 万，总计抢红包人次达 7500 万次以上，平均每分钟领取红包达到 9412 个，可见国人对微信红包的追捧。如今，微信红包已经成为微信用户的一种习惯，将微信与大众生活习惯联结起来，借势强大原型，是微信红包快速抢占市场的根本原因。

以上为本书的全部内容，希望本书能够拓展你的视野，启迪智慧，丰盈大脑，打开认知边界，成就品牌更大的格局，让品牌借势而起，成为行业领军品牌。